Zu den Autoren:

Privatdozent Dr. med. Thomas Schmitz, Jahrgang 1970, ist Facharzt für Kinder- und Jugendheilkunde und Spezialist für Neonatologe. Er arbeitet als Oberarzt, Wissenschaftler und Dozent in der Klinik für Neonatologie an der Berliner Charité – Universitätsmedizin Berlin. Er ist verheiratet, hat zwei Söhne und lebt in Berlin.

Sven Siebert, Jahrgang 1965, ist Diplom-Biologe und seit mehr als 25 Jahren Journalist. Er ist verheiratet, hat einen Sohn und eine Tochter und lebt in Berlin. Seit Beginn der Corona-Krise ist er Gastgeber der Podcasts »Corona aktuell« und »Aus Regierungskreisen – der Podcast der Bundesregierung«.

Dr. med. Thomas Schmitz
Sven Siebert

WARUM IMPFEN LEBEN RETTET

Alles, was wir jetzt wissen müssen

HarperCollins

Der Originaltitel erschien 2019 unter dem Titel
Klartext: Impfen! bei HarperCollins Germany

1. Auflage 2021
Aktualisierte und ergänzte Neuausgabe

Umschlaggestaltung von Büro Jorge Schmidt, München
Umschlaggabbildung von best_vector / shutterstock
Gesetzt aus der Stempel Garamond und der News Cycle
von GGP Media GmbH, Pößneck
Druck und Bindung von GGP Media GmbH, Pößneck
Printed in Germany
ISBN 978-3-7499-0112-8
www.harpercollins.de

Klimaneutral
Druckprodukt
ClimatePartner.com/15109-2009-1001

MIX
Papier
FSC FSC® C014496

In diesem Buch geht es um medizinische Fragen. Die Autoren haben alle Angaben sorgfältig recherchiert. Trotzdem ersetzt dieses Buch nicht den kompetenten Rat eines Mediziners, der sich einem Patienten persönlich widmet und dessen Umstände kennt. Es ist deshalb wichtig, auch alle Fragen einer Impfung individuell mit dem impfenden Arzt zu besprechen. Die Autoren, der Verlag und seine Beauftragten schließen jegliche Haftung für Personen-, Sach- oder Vermögensschäden aus.

Die Autoren versichern, dass sie dieses Buch unabhängig verfasst haben. Insbesondere unterhalten sie keine finanziellen Beziehungen zu Organisationen oder Unternehmen, die dieses Buch beeinflusst haben könnten.

INHALT

VORWORT

Corona hat vieles verändert. Das Auftreten des Virus Sars-CoV-2 und die dadurch ausgelöste Covid-19-Pandemie haben unser Leben durchgeschüttelt. Wir haben die Erfahrung gemacht, wie bedrohlich eine in vielen Fällen tödliche Infektionskrankheit sein kann, wie sehr sie uns zwingen kann, unser Verhalten zu ändern, und wie groß die gesellschaftlichen Konflikte sind, die sich aus den Folgen der Krankheit ergeben können.

Corona hat auch unser Verhältnis zu Impfungen verändert. Bis vor Kurzem war Impfen zwar ein Thema, das die Temperatur einer eben noch freundlich-harmlosen Plauderei binnen weniger Minuten auf den Siedepunkt treiben oder in eisige Tiefen abfallen lassen konnte. Man brauchte wirklich viel Disziplin, um in einem Gespräch übers Impfen nicht sehr schnell sehr emotional zu werden. Sie haben das wahrscheinlich schon einmal selbst erlebt.

Aber Impfen war ein Thema, das für die meisten Menschen nicht mehr mit der Erfahrung einer konkreten Bedrohung durch Infektionskrankheiten verbunden war. Krankheiten wie Masern, Diphtherie oder Kinderlähmung spielen im Alltagsleben keine oder kaum noch eine Rolle.

Seit Covid-19 ist das anders. Es ist wieder greifbar geworden, worum es beim Schutz vor Krankheiten geht: nicht um irgendein Prinzip, sondern um den Schutz des eigenen Lebens und das der engsten Angehörigen und Freunde.

In diesem Buch wollen wir uns daher mit den neuen Impfstoffen gegen Covid-19 befassen – auch mit den Sorgen und Bedenken, die damit verbunden sind. Aber wir wollen auch der Frage auf den Grund gehen, weshalb das Impfen schon seit seiner Entdeckung für Kontroversen sorgt. Freundschaften zerbrechen darüber, enge Verwandte stellen den Kontakt ein, Mütter und Väter prozessieren gegeneinander bis zum Bundesgerichtshof. Was ist da los? Weshalb kann uns ein auf den ersten Blick gar nicht so spektakuläres Thema wie das Impfen so wahnsinnig aufregen?

Woher kommen alle Bedenken, kommt all die Skepsis gegenüber Impfungen? All die kursierenden Vorurteile, Legenden und vorsätzlichen Falschbehauptungen über Impfstoffe und ihre Wirkung tauchen nun auch in den Diskussionen über die Covid-Impfungen wieder auf. Und sie finden sich auf den Demotransparenten der Coronaleugner und Impfgegner.

Impfen ist Körperverletzung. Das sehen auch Ärzte so, und unsere Kinder werden Ihnen diese Einschätzung jederzeit bestätigen. Wenn der Kinderarzt eine kleine Spritze auf seinem Tablett liegen hat, ist der bis dahin eigentlich ganz entspannte Besuch in der Praxis im Eimer. »Papa! Ich will mich nicht mit einer Nadel stechen lassen!«

Impfen ist tatsächlich – im juristischen Sinne – Körperverletzung. Ähnlich wie operative Eingriffe. Kein Arzt darf in Deutschland eine Impfung verabreichen oder einem bei einer Operation mit einem Skalpell die Bauchdecke öffnen ohne Einwilligung des Patienten – oder seiner Eltern, wenn der Betroffene minderjährig ist. Es geht um die Abwägung, ob der Nutzen eines Eingriffs die Verletzung der körperlichen Unversehrtheit rechtfertigt.

In manchen Ländern besteht eine staatlich verordnete Impfpflicht. Die gab es auch in der DDR, wo jeder ein Impfbuch besaß, in dem bescheinigt wurde, dass die Bürgerin oder der Bürger der Republik die damals vorgeschriebenen Impfungen gegen Pocken, Tuberkulose, Kinderlähmung, Diphtherie, Keuchhusten, Tetanus und Masern erhalten hatte. Heute muss in Deutschland, ebenso wie in Österreich und in der Schweiz, im Großen und Ganzen jeder für sich entscheiden, ob und wogegen er sich und seine Kinder impfen lässt.

Eltern müssen also abwägen. Auf der einen Seite steht der Schutz gegen gefährliche Infektionskrankheiten. Auf der anderen das Risiko der Nebenwirkungen einer Impfung oder die Angst vor möglichen Impfschäden.

Eltern wollen eine solche Entscheidung heute vielfach bewusst und eigenständig treffen und nicht kritiklos der Empfehlung eines Arztes oder einer staatlichen Kommission folgen. Das ist grundsätzlich verständlich und berechtigt, aber meistens verdammt schwierig. Die Materie ist komplex, das Immunsystem ein kompliziertes Wunderwerk, die Informationen, die gedruckt und online zur Verfügung stehen, sind oft widersprüchlich.

Wer sich auf die Suche nach Informationen macht, gerät schnell in die lebhafte Szene der vehementen Impfgegner. Im Netz wimmelt es nur so von Posts, Tweets und Seiten, auf denen die angeblich verheerenden Wirkungen des Impfens beschrieben und beschrien werden. Und in der Coronakrise hatten diese Quellen Sonderkonjunktur. Es gibt auf dem deutschsprachigen Buchmarkt eine Fülle impfgegnerischer Literatur. Doch obwohl sie auf allen Kanälen senden, treten nicht wenige der Autoren als »Enthüller« auf, die Wahrheiten präsentieren, die in unserem Land sonst »unterdrückt« oder »verschwiegen« würden.

Es ist daher gar nicht so einfach, der Impffrage aufgeschlossen gegenüberzutreten. Wer online nach Literatur sucht, *muss* eigentlich zu dem Schluss kommen: Irgendetwas scheint ja wohl dran zu sein an den Argumenten der Impfgegner. Manches klingt doch auf den ersten Blick ganz plausibel …

Die Geschichte des Impfens ist aber keine 300-jährige Geschichte der Lügen und Verschwörungen, wie uns viele der Antiimpfaktivisten weismachen wollen. Sie ist im Gegenteil eine der größten Erfolgsgeschichten der Medizin. Die Entdeckung der Krankheitserreger und der Immunisierung beendet die Phase der Menschheitsgeschichte, in der man Infektionskrankheiten als Schicksal ansehen musste, dem man weitgehend wehrlos gegenüberstand.

Mitte des 19. Jahrhunderts stritt man noch darüber, ob mikroskopisch kleine Lebewesen durch »Urzeugung« entstehen. Oder ob in Frauen, die an Kindbettfieber erkrankt waren, »Fremdstoffe« zu »gären« begonnen hatten. Dann blickten Louis Pasteur und Robert Koch immer tiefer in ihre Mikroskope, entwickelten erste Brutschränke und sterile Arbeitsmethoden. Es waren große Momente der Menschheitsgeschichte, als diese Pioniere im 19. Jahrhundert in ihren Studierzimmern die ersten Erreger isolierten und schließlich erkannten, dass eine überstandene Infektion in vielen Fällen vor einer neuen Erkrankung schützt.

Mit der Entdeckung von Bakterien und Viren wurde die Bedeutung der Hygiene erkannt. Viele Krankheiten verbreiten sich heute weniger leicht, weil die Übertragungswege unterbrochen werden können. Händewaschen, Mund-Nase-

Masken und *social distancing* gehen direkt auf diese frühen Erkenntnisse zurück.

Natürlich gründen diese Forschungserfolge auch auf Rückschlägen. Es kam zu Infektionen, verantwortungslose Menschenversuche wurden unternommen, und manchmal richteten die Impfversuche schlimmeren Schaden an als die Krankheiten, die sie verhindern sollten. Aber wer diese historischen Fehlschläge heute als Argumente gegen das Impfen ins Feld führt, der müsste viele Bereiche der modernen Medizin ablehnen.

Impfstoffe gehören heute zu den am besten überwachten Medikamenten überhaupt – das gilt auch für die neu zugelassenen Covid-19-Impfstoffe. Die unerwünschten Wirkungen von Impfungen sind viel geringer als in der Frühzeit der Impfmedizin, das Risiko von Impfschäden wurde immer weiter minimiert. Vor allem sind die Impfungen in den meisten Fällen hochwirksam. Impfungen gehören zu den effektivsten Methoden, um den Menschen vor gravierenden Infektionskrankheiten zu schützen.

Die Weltgesundheitsorganisation WHO schätzt, dass durch Impfungen jährlich zwei bis drei Millionen Todesfälle vermieden werden und bis heute bereits Hunderte Millionen vermieden wurden – mit der neuen Pandemie werden durch die Impfungen noch Millionen von geretteten Menschenleben hinzukommen.

Trotzdem ist die immunologische Forschung nicht abgeschlossen: Neue Impfstoffe wurden und werden entwickelt. Es wird untersucht, wie bestehende Risiken weiter verringert werden können oder ob Nebenwirkungen auftreten können, die bisher unerkannt geblieben sind.

Es ist eindeutig widerlegt, dass Masernimpfungen Autismus auslösen können. Und es gibt keinerlei Belege, dass Impfungen Allergien begünstigen.

Gerade der große Erfolg der sogenannten Schulmedizin, hat – vor Corona – vielfach zu der falschen Annahme geführt, man selbst und die eigenen Kinder seien von Infektionskrankheiten nicht mehr bedroht. Auch Kinderkrankheiten sind auch heute noch eine todernste Sache. Weil uns das oft nicht mehr bewusst ist, hat sich die Annahme verbreitet, der Kinderorganismus müsse diese Erkrankungen »durchstehen«, um »gestärkt« daraus hervorzugehen.

Krankheiten werden vielfach als »natürlich« und daher irgendwie gut angesehen. Aber auch Erdbeben und Tsunamis sind natürlich. Auch Sars-CoV-2 ist natürlichen Ursprungs. Epidemien von Infektionskrankheiten – das wurde uns durch Covid-19 vor Augen geführt – können ebenso verheerende Folgen wie solche Naturkatastrophen haben. Und es gibt keinen Zweifel, dass man sich davor, so gut es geht, schützen sollte.

Infektionskrankheiten haben keinen »Sinn«. Sie sind nicht dafür da, das menschliche Immunsystem zu stärken oder an der Persönlichkeitsbildung mitzuwirken. Das gilt für Covid ebenso wenig wie für Mumps oder Masern. Die Viren und Bakterien, die Krankheiten auslösen, folgen nur ihrem genetischen Programm – nämlich sich selbst zu vermehren. Der Begleitschaden ist, dass sie uns krank machen, manchmal todkrank.

1962 starben in Deutschland – Ost und West – 156 Menschen an Masern. Heute sterben pro Jahr zwischen keinem und drei Menschen an der Krankheit – vor allem weil es viel, viel weniger Erkrankungen gibt als vor sechs Jahrzehnten. Wer heute auf das verhältnismäßig geringe Infektionsrisiko vertraut und auf eine Impfung verzichtet, profitiert von all denen, die sich früher haben impfen lassen und die dies auch heute noch tun. Wer sich und seine Kinder heute impfen lässt, übernimmt soziale Verantwortung. Oder umgekehrt: Wer das unterlässt, verhält sich rücksichtslos.

Doch es geht nicht um die Todesfälle allein. Auch ein nichttödlicher Verlauf der »Kinderkrankheit« Masern kann sehr unangenehme Folgen haben. Mittelohr-, Lungen- oder Gehirnentzündung mit bleibenden Schäden – um die Hitliste der Komplikationen zu nennen. Wer einmal als behandelnder Arzt ein an Lungenentzündung erkranktes Kind in einer Klinik betreut hat, mit Atemnot und starken Schmerzen, der wird vieles dafür tun, um solches Leiden zu verhindern. Und wer einmal das Leid eines Kindes mit Hirnhautentzündung erlebt hat und die Eltern über die negativen Auswirkungen auf die Entwicklung des Kindes aufklären musste, dem leuchtet der Nutzen der Vermeidung solcher Erkrankungen unmittelbar ein.

Über die möglichen nichttödlichen Folgen einer Covid-Infektion haben wir seit Ausbruch der Krankheit viel erfahren – andauernde Schlappheit, Entzündungen, Gefäßschäden, neurologische Beeinträchtigungen … Das alles würde man gerne vermeiden. Impfen ist ein effektiver Weg, dieses Ziel zu erreichen.

Warum aber ist gerade in aufgeklärten Zeiten und verantwortungsbewussten Milieus das Misstrauen gegen diese bewährte medizinische Vorbeugung gewachsen? Warum zögern die Menschen, sich und ihre Kinder gegen Covid oder Pneumokokken impfen zu lassen?

Impfen *ist* unheimlich. Nicht nur in den Augen von Kindern, die eine verständliche Abneigung gegen spitze Gegenstände haben, die auf sie gerichtet sind. Beim Impfen bekommt man außerdem eine Spritze, obwohl man gar nicht krank ist! Das leuchtet nicht unmittelbar ein und ist eindeutig ein dramatischerer Eingriff in die Unversehrtheit des Körpers als eine Vitamintablette oder ein Joddragee. Eine ganze Unterabteilung des Horror- und Science-Fiction-Genres basiert auf dem Grusel, der von geheimnisvollen Injektionen ausgeht.

Der Mensch hat immer einen gewissen Vorbehalt gegen schmerzhafte Maßnahmen, die sich gegen mehr oder weniger vage Gefahren in der Zukunft richten. Das galt jedenfalls für den »Normalbetrieb«, als gerade keine weltumspannende Pandemie die Menschheit quälte.

In der Generation unserer Eltern oder Großeltern wurden ärztliche Empfehlungen oder staatliche Anweisungen weniger oft infrage gestellt als heute. Heute hat uns der Staat erst mal gar nichts zu sagen. Der Arzt ist für uns schon lange kein »Halbgott in Weiß« mehr. Ob wir uns oder unsere Kinder wirklich impfen lassen, das wollen wir erst mal sehen!

Diese kritische Haltung ist hilfreich, denn durch ständiges Infragestellen wird alles immer wieder aufs Neue abgeklopft: Ist eine Impfung gerechtfertigt? Ist sie effektiv und sicher? Wie sehen neue Erkenntnisse dazu aus? Muss die Empfehlung geändert werden? Ist eine neue Impfung sinnvoll?

Die Empfehlungen, welche Impfungen wann für wen sinnvoll sind, kommen in Deutschland von der Ständigen Impfkommission (STIKO), in der Schweiz von der Eidgenössischen Kommission für Impffragen (EKIF) und in Österreich vom Nationalen Impfgremium. Deren Empfehlungen werden stets kritisch diskutiert. Und die fortwährende Auseinandersetzung mit Kritik ist es wohl auch, die dazu beigetragen hat, dass beispielsweise die Mitglieder der STIKO seit einigen Jahren einem Antikorruptionsprogramm unterzogen werden, das seinesgleichen sucht.

Während ein US-amerikanischer Präsident Aktienanteile großer Firmen halten und sich von Firmenbossen beraten lassen darf, wird ein Mitglied der STIKO von Abstimmungen über Impfempfehlungen ausgeschlossen, wenn es auch nur einen Vortrag auf einem Kongress gehalten hat, der von einer Pharmafirma gesponsert wurde. Unabhängigkeit und Transparenz der Entscheidungen der STIKO haben auch durch permanentes Nachhaken höchsten Standard erreicht.

Dieses *gesunde* Misstrauen, die moderne Mündigkeit des Bürgers und Patienten, mischt sich aber mit der neuartigen Unmündigkeit aus den Echokammern des Internets. Dort erscheint es manchem plötzlich vollkommen schlüssig, dass sich renommierte Wissenschaftler, die Pharmaindustrie, die Regierungen der meisten Länder und die Mehrzahl der Ärzte gegen unsere Gesundheit und die unserer Kinder verschworen haben. Oder dass Bill Gates Corona erfunden hat, um mittels Nanopartikeln und Angela Merkels williger Unterstützung die Weltherrschaft zu erringen.

Was hier läuft, ist Gegenaufklärung. Was Impfgegner verbreiten, sind Do-it-yourself-Einschätzungen, die einzig dazu dienen, eine vorgefasste Meinung zu bestätigen. Es werden einzelne Aspekte herausgegriffen und falsch bewertet, um Impfungen ganz grundsätzlich zu diskreditieren. Immer geht es darum, den Gesamtblick auf Nutzen und auch Risiken des Impfens zu vernebeln.

Es ist tatsächlich verdammt schwierig, sich von allen Aspekten des Impfens ein umfassendes Bild zu machen. Wir sind nicht in der Lage, alle vorhandenen Erkenntnisse zu betrachten, zu durchdringen und zu bewerten. Niemand kann in ein paar Stunden oder Tagen ein Medizinstudium, eine Ausbildung zum Statistiker oder Epidemiologen nachholen. Da helfen auch nicht einige gute Podcasts. Daher sind wir darauf angewiesen, dass seriöse Profis Impffragen analysieren, bewerten und dann zu einer Empfehlung kommen. Wir selbst aber können prüfen, ob das Verfahren transparent ist und die Entscheidungen und Empfehlungen unabhängig von sachfremden Interessen zustande kommen.

Deswegen ist unser Buch keine wissenschaftliche Arbeit, die die Wirksamkeit oder Gefährlichkeit von Impfungen auf der Basis eigener Forschungsergebnisse beurteilt. Unser Buch soll dabei helfen, die eigene Verunsicherung beim Thema Impfen zu verstehen. Es soll deutlich machen, dass zur Impfentscheidung sehr viele Einzelaspekte beitragen. Und wir hoffen, dass Sie am Ende der Lektüre dieses Buches sehen, dass Impfungen wie kaum etwas anderes dazu dienen, unseren wichtigsten Wunsch zu verwirklichen: unsere Kinder zu schützen! Und uns selbst natürlich auch.

Dr. Thomas Schmitz und Sven Siebert
im Frühjahr 2021

ERSTES KAPITEL,

in dem all die verschiedenen Aspekte des Impfens an einem Punkt zusammenlaufen: Corona! In dem wir davon erfahren, wie die neuen Impfstoffe entwickelt wurden, wie sie funktionieren, warum das so schnell ging und wie Impfstoffsicherheit gewährleistet wird. Wir loben die Herdenimmunität und begegnen hier erstmals den Impfgegnern und ihren absurden Behauptungen.

Es ist oft gesagt worden, dass Corona, dass die durch Sars-CoV-2 hervorgerufene Pandemie Schwächen und Missstände in unseren Gesellschaften »wie unter einem Brennglas« zutage treten lässt. Das ist sicher richtig. Aber das gilt auch für die Stärken. Es ist bemerkenswert, in welcher Geschwindigkeit es gelungen ist, gleich mehrere wirksame und sichere Impfstoffe gegen Covid-19 zu entwickeln.

Dieser Erfolg ist Ergebnis einer sehr langen Vorgeschichte. Seit mehr als 300 Jahren wissen die Menschen um die Möglichkeit, sich durch Immunisierung gegen Krankheiten zu schützen, ohne die Krankheit selbst durchmachen zu müssen. In die Entwicklung der Covid-Impfstoffe in den Jahren 2020 und 2021 flossen die Erfahrungen der Forschung aus Jahrzehnten und Jahrhunderten. Und viele Aspekte des Impfens gegen Covid-19 – Entwicklung, Wirksamkeit, Sicherheit, Herdenimmunität und der zum Teil erbitterte Streit um das alles – beschäftigten die Menschen auch schon in der Vergangenheit.

Den bisherigen Rekord für eine Impfstoffentwicklung hielt der Amerikaner Maurice Hilleman (ein Bauernsohn aus Montana, aus dessen Labor allein 40 Impfstoffe stammen – darunter acht der noch heute angewendeten Standardimpfstoffe für Kinder). In der Nacht zum 23. März 1963 kam Hillemans fünfjährige Tochter Jeryl Lynn mit Halsschmerzen an sein Bett. Hilleman sah sich sein Kind an und sagte: »Heilige Scheiße! Du hast Mumps!« Hilleman, damals schon Wissenschaftler beim US-Pharmakonzern Merck, machte im Hals seines Kindes einen Abstrich, isolierte das Virus und erhielt am 30. März 1967, also nur vier Jahre oder 1468 Tage später, die Lizenz für das Vakzin »Mumpsvax«.

Özlem Türeci und Uğur Şahin, die Gründer der Biotechnologiefirma BioNTech, haben diesen über fünf Jahrzehnte alten Rekord deutlich unterboten. Sie brauchten mit ihren Leuten 327 Tage – keine elf Monate. Am 10. Januar 2020 hatten chinesische Wissenschaftler die Sequenz des Coronaviruserbguts veröffentlicht. Am 2. Dezember erteilten als Erstes die britischen Behörden dem BioNTech/Pfizer-Impfstoff »BNT162b2« die Zulassung – ein Impfstoff, der auf der sogenannten mRNA-Technologie beruht.

Warum konnte das in so kurzer Zeit gelingen? War das vielleicht zu schnell? Kann man überhaupt in so kurzer Zeit einen wirksamen und sicheren Impfstoff herstellen?

Man kann. Aber die Umstände müssen glücklich, die Handelnden entschlossen und die Zulassungsbehörden fleißig sein. Und ein bisschen Geld braucht man auch.

Erstens: mRNA-Impfstoffe, wie BioNTech einen entwickelt hat, sind nicht vom Himmel gefallen. Die ersten Veröffentlichungen zu dem Thema stammen von 1989. Seitdem forschen Wissenschaftler an den Methoden, Erbinformation zu Impfzwecken in Zellen einzuschmuggeln und diese Technik auch im großen Stil anwendbar zu machen. Viele Verfahren der Herstellung, Reinigung und »Verpackung« von mRNA mussten dazu erst entwickelt werden. Türeci und Şahin arbeiten seit zwei Jahrzehnten daran. »BNT162b2«, auch »Comirnaty« genannt, ist nicht das Ergebnis eines Schnellschusses, sondern langer Mühen. Der Zeitpunkt ist – wenn man das so sagen kann – glücklich. Wenn die Pandemie vor zehn Jahren ausgebrochen wäre, hätte es ziemlich sicher noch keinen mRNA-Impfstoff dagegen gegeben.

Ein weiterer Vorteil war, dass es bereits sehr nützliche Forschungsergebnisse zu den »alten« Coronaviren SARS und MERS gab, die vor Jahren erste Epidemien ausgelöst hatten. Man kannte die Eigenschaften von Coronaviren und wusste auch schon einiges über eine mögliche Impfstoffentwicklung.

Sicher hat der Wettbewerb verschiedener Arbeitsgruppen und Unternehmen die Sache beschleunigt. An den mRNA-Impfstoffen, zu denen »BNT162b2« gehört, arbeiteten gleichzeitig beispielsweise auch Moderna in den USA und CureVac in Deutschland. An Vektorimpfstoffen wie dem von AstraZeneca forschte und forscht man in Oxford, Moskau, Peking und Boston, an inaktivierten Coronaviren in China und Indien, an Proteinimpfstoffen in den USA und Russland …

Zweitens: Die Behörden, die für die Arzneimittel- und Impfstoffzulassung und -überwachung zuständig sind – beispielsweise das Paul-Ehrlich-Institut in Deutschland oder die Europäische Arzneimittelagentur EMA –, haben die klinischen Test der neu entwickelten Impfstoffe rasch genehmigt.

Und sie haben schon begonnen, Testergebnisse auszuwerten, ehe die Tests vollständig abgeschlossen waren, bei laufendem Forschungsbetrieb, sozusagen. So hat man Wochen und wahrscheinlich Monate gespart, die sonst verstreichen, ehe alle Testergebnisse vollständig vorliegen.

Damit kein Missverständnis entsteht: Die Prüfung der Ergebnisse der klinischen Tests war – jedenfalls in der Europäischen Union – genauso gründlich wie in anderen Zulassungsverfahren. Man hat nur Wartezeiten verkürzt und bereits Daten angeguckt, während immer noch neue reinkamen. Man nennt das »rolling review«. Und man hat eben nicht auf politischen Druck hin Standards gesenkt, wie sich das der ehemalige US-Präsident vor der Wahl gewünscht hat. Das hätte das Vertrauen in die Sicherheit der Impfstoffe zu Recht erschüttert.

Drittens: Mitten in der Pandemie war es leicht, ausreichend Freiwillige zu finden, die sich an den klinischen Tests beteiligten. Und: Mitten in der Pandemie war der »Infektionsdruck« hoch genug, um die Wirksamkeit des Impfstoffes rasch unter Beweis zu stellen. Denn wenn kaum jemand ansteckend ist, kann man nicht feststellen, ob eine Impfung funktioniert. Wenn viele ansteckend sind, merkt man schnell, ob ein Impfstoff wirkt. Es sind also bei der Prüfung der Covid-Impfstoffe nicht weniger Daten erhoben worden, sondern diese Daten kamen einfach schneller rein, als dies sonst der Fall ist.

In der sogenannten Phase III einer klinischen Prüfung werden Zehntausende Testpersonen mit dem neuen Impfstoff geimpft. Im Fall von »BNT162b2« waren das insgesamt über 20.000. Und ebenso viele erhielten eine Spritze *ohne* Impfstoff, ein sogenanntes Placebo. Denn man will wissen: Erkranken die Geimpften wirklich seltener an Covid-19 als die Ungeimpften? Das aber kann man erst sagen, wenn ausreichend viele Menschen tatsächlich krank geworden sind.

Bei »BNT162b2« war das Mitte November 2020 der Fall. 36.523 Teilnehmer hatten zum Zeitpunkt dieses »Daten-Cutoffs« an der Studie teilgenommen, ohne vorher an Covid-19 erkrankt zu sein. Die eine Hälfte hatte den Impfstoff erhalten, die andere ein Placebo. Nun gab es 170 Krankheitsfälle (wenn wir wissen wollen, weshalb man warten musste, bis ausgerechnet 170 Menschen erkrankt waren, müssen wir uns an die Statistiker wenden: Hier lag die Grenze, ab der man ein verlässliches Ergebnis bekam, das keinen allzu großen Fehler mehr aufweist).

Jedenfalls stammten nur acht Covid-Fälle aus der Impf-, 162 aus der Placebogruppe. Das entspricht einer Wirksamkeit von 95 Prozent. Hätte der Impfstoff versagt, wären auch in der Impfgruppe um die 162 Menschen erkrankt.

Nebenbei: Das ist die wirklich bittere Seite solcher klinischen Impfstoffprüfungen. Um die Wirksamkeit zu beweisen, *müssen* zahlreiche Menschen an einer potenziell tödlichen Krankheit erkranken. Man muss den Menschen aus der Placebogruppe den Impfstoff vorsätzlich vorenthalten, obwohl man zu diesem Zeitpunkt aus früheren Tests schon weiß, dass er schützen kann.

Als in den USA in den Fünfzigerjahren des 20. Jahrhunderts der Impfstoff gegen die Kinderlähmung in einer große Studie getestet wurde, starben 16 teilnehmende Kinder an Polio – alle aus der Placebogruppe. 36 Kinder waren dauerhaft gelähmt, 34 davon aus der Placebogruppe. Die Kinder waren durch Zufall in die Gruppe geraten, die die wirkungslose Injektion bekam. Hätte das Los anders entschieden, hätten sie überlebt oder wären gesund geblieben.

Maurice Hilleman, den wir gerade als Vater von Jeryl Lynn und der Mumpsimpfung kennengelernt haben, hat gegen Ende seines langen Forscherlebens in einem Interview gesagt, dieser Preis der Wissenschaft werde leicht übersehen. »Wir waren so sehr damit beschäftigt, [den Durchbruch bei der Poliobekämpfung] zu feiern, dass wir nicht wirklich innegehalten und einen Blick darauf geworfen haben, wie man zu Wissen kommt.«

Viertens: Impfentwicklung ist sehr, sehr teuer. Wer einen Impfstoff entwickelt, muss das Risiko eingehen, dass sich dieses Vakzin in den Tests als unzureichend wirksam oder als unverträglich erweist. Dann ist das eingesetzte Geld verloren. Es stimmt, mit Impfstoffen lässt sich auch sehr viel Geld *verdienen*. Aber das unternehmerische Risiko besteht trotzdem. Klinische Prüfungen mit Zehntausenden Teilnehmern kosten viele Millionen. Die Covid-Impfstoffentwicklung hat insgesamt mehrere Milliarden Euro verschlungen. Deshalb sind erhebliche staatliche Mittel geflossen. Staaten haben Forschung gefördert und Studien finanziert oder sind bei den Unternehmen mit Beteiligungen eingestiegen. Das hat manche unternehmerische Entscheidung sehr erleichtert.

Das waren vier Faktoren, die die Sache extrem beschleunigt haben. Und wir stellen mit Bedauern fest, dass eine so rasante Entwicklung möglich ist, aber keineswegs immer stattfindet. Wir befassen uns im sechsten Kapitel eingehender mit anderen schlimmen Krankheiten, gegen die es (noch) keine Impfstoffe gibt, obwohl seit vielen Jahren daran geforscht wird.

Aber zunächst noch mal die Frage: Hat das hohe Tempo keinen Einfluss auf die Sicherheit? Im Internet wimmelt es von Behauptungen, unausgereifte Impfstoffe würden nun unter die Leute gebracht. Die Zulassungen seien durchgepeitscht worden, alles sei viel zu eilig gewesen. Nebenwirkungen würden verschwiegen, oder Corona sei überhaupt nur erfunden oder in die Welt gesetzt worden, um Pharmaunternehmen Milliardenprofite zu ermöglichen ... All diese Gerüchte, Legenden und Lügenmärchen werden von Impfgegnern schon seit Langem verbreitet – nicht erst seit Covid-19. Im dritten Kapitel widmen wir uns dem ausführlich.

Es war schon die Rede davon, dass die Prüfung der Zulassungsanträge für Covid-Impfstoffe nicht weniger genau war als bei vergleichbaren Verfahren. Und das gilt natürlich auch für die Fragen nach Sicherheit und Verträglichkeit. Ein Restrisiko bleibt bei jedem Impfstoff. Doch eine Zulassung erfolgt nur, wenn der Nutzen die Risiken deutlich übersteigt.

Alle Beschwerden und Krankheitsbilder, die nach einer Impfung in den Testgruppen auftreten, werden genau registriert. Wie viele der Testpersonen leiden an den üblichen, harmlosen Impfreaktionen wie vorübergehende Schmerzen oder Schwellungen an der Einstichstelle, leichtes Fieber, Hautreaktionen? Wie oft gibt es allergische Reaktionen? Und vor allem: Treten irgendwelche Krankheiten auf, die möglicherweise auf die Impfung zurückzuführen sind? (Im achten Kapitel geht es ganz ausführlich um die Risiken und Nebenwirkungen von Impfungen.)

Zu den bisher zugelassenen Covid-Impfstoffen lässt sich sagen: Die Nebenwirkungen sind im üblichen Rahmen, ernste Erkrankungen, die sich auf die Impfung zurückführen lassen, gab es nicht. Die Empfänger von »BNT162b2« beispielsweise klagten verhältnismäßig häufig über die üblichen Impfreaktionen. Der Impfstoff gilt als sehr »reaktogen«. 27 Prozent der Testpersonen hatten was zu meckern.

Einige klagten über geschwollene Lymphknoten, einer hatte ein Taubheitsgefühl im Bein. Alle diese Symptome sind zwar unangenehm, verschwanden aber schnell wieder.

Und ja, zwei Impflinge starben im Verlauf der Studie – einer an Arteriosklerose, einer an Herzstillstand. In der Placebogruppe starben doppelt so viele – zwei aus unbekannter Ursache, einer an einem Schlaganfall und einer an einem Herzinfarkt. Entscheidend ist: »Keine Todesfälle wurden von den Prüfärzten als mit dem Impfstoff oder Placebo in Verbindung stehend angesehen«, wie es im Bericht über die klinische Prüfung heißt.

Aber wie kann man nach gerade mal vier Monaten Prüfung mit am Ende 43.548 Probanden schon sagen, ob nicht später noch Schäden auftreten können? Oder ob der Impfstoff nicht ernste Nebenwirkungen hervorruft, die so selten sind, dass sie in einer klinischen Studie mit ein paar Zehntausend Testpersonen gar nicht auftauchen? Hillemans Mumpsimpfstoff beispielsweise kann in einem von 227.000 Fällen eine Hirnhautentzündung hervorrufen. Und außerdem hat man mit mRNA- und Vektorimpfstoffen noch gar keine Erfahrungen! Und geht es da nicht um die Veränderung von Erbmaterial …?

All diese Einwände gegen die neuen Impfstoffe sind ernst zu nehmen. Um mit dem letzten anzufangen: Tatsächlich wird bei mRNA- und Vektorimpfstoffen Erbmaterial in menschliche Zellen einbracht. Wie das genau funktioniert, können Sie im vierten Kapitel lesen.

Aber es sei hier schon einmal gesagt, dass bei den mRNA-Impfstoffen diese Erbinformation *nicht* in die menschliche DNA eingeschleust wird. Es gibt *keine* Veränderungen des menschlichen Erbgutes. Die mRNA sorgt lediglich dafür, dass menschliche Zellen *für kurze Zeit* ein Virenprotein produzieren. Dieses Spikeprotein ruft dann die gewünschte Reaktion des Immunsystems hervor. Die mRNA-Schnipsel sind aber nach wenigen Tagen wieder verschwunden, weil die Zellen herumschwimmende mRNA abbauen – eben damit eine solche Proteinherstellung nicht unbegrenzt weiterläuft. Weder die mRNA noch die durch sie kodierten Proteine haben Einfluss auf die Zeugungsfähigkeit geimpfter Frauen und Männer.

Und es ist nicht so, dass es mit diesem Verfahren keine Erfahrungen gäbe. In kleinerem Maßstab wird – vor allem in der Krebstherapie – schön länger mit mRNA-Vesikeln experimentiert. Es sind keine Fälle von Veränderungen der Erbsubstanz bekannt. Und auch Vektorimpfstoffe, die ähnlich wie mRNA-Impfstoffe funktionieren, sind keine Unbekannten. Der Impfstoff gegen Ebola (sechstes Kapitel) basiert auf der Vektortechnik.

Trotzdem guckt man sehr genau, was passiert. Die Phase-III-Prüfungen sind keineswegs abgeschlossen. Sie laufen zwei Jahre, in denen die Testpersonen regelmäßig überwacht werden und von sich aus Auffälligkeiten melden – also mindestens bis Sommer 2022. Und auch danach wird weiter geguckt, ob etwas passiert, was nicht passieren soll. Wer nach einer Impfung einen Verdacht hat, kann sich beispielsweise in Deutschland online ans Paul-Ehrlich-Institut, in Österreich ans Bundesamt für Sicherheit im Gesundheitswesen und in der Schweiz an Swissmedic wenden. Das gilt übrigens für alle Impfstoffe (und Arzneimittel).

Die Erfahrung mit anderen Impfstoffen zeigt aber: Die meisten schwerwiegenden Nebenwirkungen treten innerhalb der ersten Wochen nach einer Impfung auf. In seltenen

Fällen sind ernste Nebenwirkungen erst nach Monaten oder Jahren aufgefallen – aber Monate oder Jahre nach *Zulassung* des Impfstoffes, nicht Monate oder Jahre nach einer *Impfung*. Und das lag daran, dass sowohl die Nebenwirkung wie auch die Impfung selbst so selten war, dass es gedauert hat, bis das Problem erkannt wurde. So war es beispielsweise beim Schweinegrippeimpfstoff »Pandemrix« (achtes Kapitel).

Schon vor Zulassung der ersten Impfstoffe war die Rede davon, dass es einen »Pinguineffekt« geben könnte. Pinguine stehen am Rand ihrer Eisscholle und trauen sich nicht ins Wasser – aus Furcht vor räuberischen Robben oder Orcas. Niemand will der Erste sein. Irgendwann springt aber ein Pinguin ins Wasser. Und dann geht es ganz schnell, und die anderen hüpfen hinterher. Ein ähnliches Zögern war nach Beginn der Impfungen zu beobachten.

Aber – um im Bild zu bleiben – wenn Sie dieses Buch in der Hand halten, sind längst viele Pinguine gesprungen. Vor Ihnen haben bereits Millionen Menschen – Frauen, Männer, Alte und Junge aus verschiedensten Ländern – die zugelassenen Impfstoffe erhalten, und zwar seit Dezember 2020. Wenn bisher nichts aufgefallen ist, ist es sehr, sehr unwahrscheinlich, dass noch etwas auftaucht. Und wenn etwas erscheint, das man nicht auf dem Schirm hatte, reagieren die Behörden. Zulassungen können auch wieder zurückgenommen werden.

Auch die Empfehlungen, die die Ständige Impfkommission, die Eidgenössische Kommission für Impffragen (EKIF) und das Nationale Impfgremium zu den Covid-Impfungen aussprechen, unterliegen Veränderungen und Anpassungen. Das ist gut so, denn natürlich nimmt das Wissen über Krankheit und Impfstoffe zu.

Manche Fragen konnten nach den klinischen Prüfungen

noch nicht endgültig beantwortet werden. Kinder beispielsweise waren zunächst in den meisten Testgruppen nicht vertreten. Die ersten Empfehlungen mussten Kinder daher ausklammern. Wir müssen auch noch herausbekommen, wie lange die Schutzwirkung der neuen Impfstoffe anhält. Und es wird möglicherweise Anpassungen beim Abstand zwischen erster Impfdosis und zweiter, der sogenannten »Booster«-Dosis, geben, um die Wirkung der Impfungen zu optimieren. Was ist mit denen, die eine Covid-Infektion schon überstanden haben? Sollten sie vielleicht nur eine Injektion bekommen, weil diese nach einer überstandenen Infektion schon wie ein Booster wirkt? Das sind Fragen, die sich erst nach Monaten oder Jahren beantworten lassen. Sie beeinträchtigen aber nicht die Aussagen über die Sicherheit der Impfstoffe.

Sollte sich jeder und jede impfen lassen? Auch das ist eine Frage, die bei Covid nicht zum ersten Mal auftaucht. Muss man beispielsweise sein gesundes und kräftiges Kind gegen Masern impfen lassen, Jungen gegen das Humane Papillomavirus HPV, und sollte man die eigene Keuchhustenimpfung auffrischen?

Die Antwort ist: im Zweifelsfall. Ja. Natürlich schütze ich mit einer Impfung zunächst einmal mich selbst. Aber wer geimpft ist, gibt im besten Fall das Virus auch nicht weiter. Er schützt auch die Ungeimpften – auch die, die aus medizinischen Gründen nicht geimpft werden können. Damit dieser Effekt eintritt, muss die Impfquote aber hoch sein. Das gilt für Masern wie für Covid. Wenn die Impfquote sehr hoch ist – bei Masern über 95 Prozent –, dann erkrankt praktisch niemand mehr. Bei einer Krankheit wie Masern könnte dann sogar die völlige Auslöschung des Erregers gelingen. Bei Covid schätzt man, dass ab einer Impfquote von um die 70 Prozent wenigstens die Pandemie gestoppt werden kann – auch wenn die Krankheit dann noch nicht weg ist. Wir hören im nächsten Kapitel noch mehr von dieser sogenannten »Herdenimmunität«.

Es besteht das Risiko, dass nach anfänglichen Impferfolgen – dem weitgehenden Schutz der besonders gefährdeten Gruppen – die Bereitschaft zur Selbstbeschränkung im Rest der Bevölkerung nachlässt. Dadurch kann die Infektionszahl noch einmal erheblich steigen. Jedenfalls solange die Immunität in der Bevölkerung noch nicht die 70 Prozent erreicht hat. Es gäbe dann weiterhin viele schwere und lebensbedrohliche Verläufe – nicht nur bei Menschen der Hochrisikogruppe.

Corona wirkt wie ein Brennglas. In der Entwicklung der neuen Impfstoffe gegen Covid-19 erleben wir die lange Geschichte des Impfens im Grunde noch einmal wie im Schnelldurchlauf: die Bedrohung durch eine Infektionskrankheit, die Erforschung des Erregers, die aufregende Suche nach einem rettenden Vakzin, der Durchbruch und dann – kaum dass der Impfstoff zur Verfügung steht – Zweifel, Legenden und leider auch Verweigerung. Schon im nächsten Kapitel beschäftigen wir uns damit, warum das so ist.

ZWEITES KAPITEL,

in dem wir zu verstehen versuchen, warum es auch oder gerade intelligente und gebildete Menschen für möglich halten, dass renommierte Wissenschaftler, die Pharmaindustrie, die Regierung ihres Landes und die Mehrzahl der Kinderärzte vorsätzlich die Gesundheit der Kinder riskieren.

Wenn Sie in der Schweiz leben, sind es neun Spritzen, die Sie Ihrem Kind in den ersten zwei Lebensjahren verpassen lassen – vorausgesetzt, Sie folgen den Empfehlungen der Eidgenössischen Kommission für Impffragen (EKIF). In Deutschland sind es ebenfalls neun Injektionen. Und wenn Sie in Österreich auch jene empfohlenen Impfungen vornehmen lassen, die nicht Teil des kostenfreien Kinderimpfprogramms sind, sind es sogar über 20 Stiche. Hinzu kommen zwei bis drei Schluckimpfungen. In der Regel zeigen Kinder, auch Babys, nur wenig Begeisterung für diese körperverletzenden Maßnahmen. Es ist nicht so wahnsinnig verwunderlich, wenn sich junge Eltern fragen: Muss das wirklich sein? Muss das *alles* sein?

Der Spaß, mit schreienden Kindern beim Arzt zu sitzen, wird möglicherweise noch übertroffen von der Sorge um die Gesundheit des Kindes, die man doch eigentlich gerade schützen wollte. Bei der Impfung mit dem Dreifachimpfstoff gegen Masern, Mumps und Röteln werden »bei fünf bis 15 Prozent der Geimpften Allgemeinsymptome in Form von Fieber, Kopfschmerzen, Mattigkeit, Unwohlsein oder Magen-Darm-Beschwerden, bei etwa zwei bis neun Prozent eine leichte Impfkrankheit mit Fieber und einem masernähnlichen Exanthem [das ist der typische Ausschlag] beobachtet«. So ist es wörtlich in der Empfehlung der STIKO in Deutschland zu lesen.

Das heißt: In fünf bis 15 Prozent der Impfbesuche geht man mit einem gesunden Kind zum Arzt und hat am nächsten oder übernächsten Tag ein schlappes, kränkelndes oder richtig krankes Kind daheim. Das ist auch schon einem der Autoren dieses Buches so gegangen. Da ist die Mitteilung vielleicht nur wenig tröstlich, dass es bei Säuglingen nur selten »bei hohem Fieber zu einem Fieberkrampf kommen« kann. Und dass »allergische Sofortreaktionen« selten, ein »anaphylaktischer Schock« (ein Kreislaufschock, der im schlimmsten Fall tödlich enden kann) sehr selten auftritt. Na ja, und eine Enzephalitis, eine Entzündung des Gehirns, wurde nur »in Einzelfällen« beschrieben. In Einzelfällen ... na super!

Und haben nicht die Eltern aus der Krabbelgruppe von dem schlimmen Hautausschlag nach der Impfung berichtet? Und hat nicht die Hebamme schon die Nase gerümpft, als es ums Impfen ging?

Muss das also sein? Ist es das wert?

Sie werden jetzt nicht sehr überrascht sein – unsere Antwort darauf lautet auch hier: Ja, das ist es wert. Das Risiko ernsthafter Komplikationen ist sehr, sehr klein, der Nutzen der empfohlenen Schutzimpfungen dagegen sehr hoch.

Aber wer dieses Urteil nicht einfach so hinnimmt, sondern findet, er oder sie müsse sich mit der Materie mal etwas eingehender befassen, kommt schnell ins Schleudern. Es ist gar nicht so schwierig, Impfgegner zu werden. Oder wenigstens Impfskeptiker. Skeptiker zu sein ist schließlich in vielen, auch nichtmedizinischen Fällen eine angemessene Haltung. Es ist ja richtig, nicht alles kritiklos hinzunehmen, was einem vorgesetzt wird. Das lernt man – wenn's gut läuft – sogar in der Schule.

Information beginnt heute meistens im Internet. Das Netz ist eine gigantische Informationsmaschine, aber leider auch eine gigantische Desinformationsmaschine. Wir stellen uns also die Muss-das-sein-Frage und setzen uns vor den Computer oder zücken unser Smartphone. Wir suchen nach dem Begriff »Impfen«.

Aus nahe liegenden Gründen gibt es in letzter Zeit oben auf der Liste kaum Treffer, die nichts mit Corona beziehungsweise dem Schutz gegen Covid-19 zu tun haben. Unabhängig von der genutzten Suchmaschine finden wir unter den ersten Treffern die staatlich finanzierten Informationsseiten der Bundeszentrale für gesundheitliche Aufklärung (BZgA) und des Robert Koch-Instituts (RKI). Aber sind wir hier richtig? Wollten wir nicht wissen, ob die offiziellen Impfempfehlungen Mist sind?

Impfen.de, eine Seite mit »allen Informationen zu Impfungen«, ist in Sachen unabhängiger Informationen vielleicht auch nicht so grandios. Sie wird vom weltweit größten Impfstoffhersteller GlaxoSmithKline betrieben …

Und dann treffen wir doch ziemlich bald auf Seiten, die eine »individuelle Impfentscheidung« propagieren. Und es gibt all die Webseiten, Facebook-Gruppen und Tweets, in denen vor den Folgen des Impfens vehement gewarnt wird.

Wenn wir das Stichwort »Impfen« auf den Seiten der Onlinebuchhändler eingeben, ist die Lage noch eindeutiger:

Es wird fast ausschließlich impfkritische Literatur angeboten. Und wer in einer großen Buchhandlung nach Literatur übers Impfen fragt, wird zum Regal mit den medizinischen Ratgebern geführt und findet dort Bücher, in denen Homöopathen für Impfzurückhaltung werben und die öffentlichen Institutionen für Public Health (früher hätte man »Volksgesundheit« gesagt) als willige oder geschmierte Handlanger der Pharmaindustrie darstellen.

Und natürlich gibt es dort die DVD »Vaxxed« (abgeleitet vom englischen Wort für impfen: *to vaccinate*). Das ist ein Film, in dem die – selbstverständlich staatlich unterdrückte – »schockierende Wahrheit« präsentiert wird, Impfungen lösten bei Kindern Autismus aus. Es gibt Leute, die halten Amazon für die Antivax-Website Nummer eins. Und sie liegen damit wahrscheinlich gar nicht so falsch.

In Sendungen des öffentlich-rechtlichen Rundfunks traten vor gar nicht so langer Zeit Impfgegner als sogenannte Experten auf. Und sogar im Berlin-Brandenburgischen Biologielehrplan für die Mittelstufe wird angeregt, sich mit dem Thema »Schutzimpfungen – Wohl oder Übel« zu beschäftigen.

Selbst wenn wir die offensichtlich obskuren Anbieter weglassen, werden wir mit Fragen konfrontiert, die erst einmal gar nicht unvernünftig klingen: Nehmen Allergien vielleicht erst zu, seit Kinder geimpft werden? Steigt die Zahl plötzlicher Kindstode, seit man gegen Keuchhusten impft? Ist man sicher, dass Multiple Sklerose nicht durch Impfungen ausgelöst wird? Was ist mit Autismus? Warum gibt es immer mehr Fälle? Sind die Wissenschaftler sicher, dass das nichts mit dem Impfen zu tun hat? Sind die Masern nicht auch ohne Impfungen zurückgegangen? Und ist es nicht gut, wenn Kinder Krankheiten »durchmachen«?

Das sind tatsächlich gute Fragen. Und auf sie gibt es – auch im Netz – gute und seriöse Antworten. Denn auch Wissenschaftler haben sie sich gestellt – und keineswegs nur solche, die von Pfizer, Sanofi Pasteur oder GlaxoSmithKline finanziert werden. Aber wenn wir um das Robert Koch-Institut oder die Impfstoffhersteller erst einmal einen Bogen gemacht haben, ist die Wahrscheinlichkeit verdammt hoch, dass wir dort landen, wo die Antworten uns eher noch mehr verunsichern.

Schon eine solche Verunsicherung führt zu einer Abnahme der Impfbereitschaft, obwohl noch gar keine endgültige Entscheidung gefallen ist. Die Erfurter Wissenschaftlerin Cornelia Betsch, die über die Psychologie der Impfentscheidung forscht, hat in einem *FAZ*-Interview gesagt: »Je mehr man weiß, desto schwieriger kann die Entscheidung fallen, die Impfhandlung letztlich zu vollziehen. Aufschieben ist dann eine Option.« Ich weiß nicht, was richtig ist, also warte ich erst mal ab. Das Ergebnis ist ein ungeimpftes oder zu spät geimpftes Kind.

Zur Impfzurückhaltung hat lange beigetragen, dass das Bewusstsein für die Gefährlichkeit von Infektionskrankheiten sank, weil wir ihnen vor Corona gar nicht mehr begegnet sind. Oder haben Sie kürzlich einen Menschen gesehen, der an den Folgen einer Polioerkrankung litt? Wie oft begegnen Sie masernkranken Menschen? Was war noch mal Diphtherie? Und kennen Sie jemanden, der an *Haemophilus influenzae* Typ b litt? Wir lernen diese Krankheiten und die mit ihnen verbundenen Gefahren und Leiden im siebten Kapitel genauer kennen.

Ein Problem der Impfmedizin ist ihr großer Erfolg. Die gerade genannten Krankheiten waren auch in Mitteleuropa bis vor wenigen Jahrzehnten sehr gefährlich. Doch sie sind wie andere Krankheiten, gegen die man effektiv impfen kann, bei uns nur noch sehr selten. Wir haben sie fast vergessen. In den Fünfziger- und Sechzigerjahren musste man Eltern nicht lange erklären, weshalb eine Impfung gegen Kinderlähmung sinnvoll ist. Sie lebten in so großer Sorge vor einer möglichen Ansteckung ihres Kindes, dass die Entdeckung eines Impfstoffes als große Erlösung gefeiert wurde. In den USA wurden am 12. April 1955 im ganzen Land die Kirchenglocken geläutet, nachdem bekannt geworden war, dass es einen Impfstoff gibt!

Und auch heute legen Eltern in vielen Ländern Afrikas oder Asiens große Wege zurück, um ihre Kinder in den Genuss von Impfprogrammen kommen zu lassen. Ihnen wird täglich vor Augen geführt, wie bedrohlich Krankheiten sind. Man kann die Bedrohung an den Statistiken zur Kindersterblichkeit im Kongo oder in Bangladesch ablesen. Aber bei uns? Warum impfen gegen Krankheiten, die keiner mehr kennt?

Wir haben davon im vorigen Kapitel schon gehört: Impfen hat nicht nur einen individuellen Schutzeffekt – nicht nur ich selbst und meine Kinder sind vor einer Covid-, Masern-, Röteln- oder Keuchhusteninfektion geschützt. Impfen hat auch eine soziale Komponente. Die Institutionen für Public Health sind nicht nur deswegen scharf auf hohe Impfquoten, weil der einzelne Geimpfte geschützt ist. Impfungen schützen auch Ungeimpfte. Das gilt für alle Infektionskrankheiten, die von Mensch zu Mensch übertragen werden.

Man nennt das »Herdenimmunität«. Eckart von Hirschhausen, der lustige und kluge Fernsehdoktor, bemängelt zu Recht, dass das eigentlich ein abschreckender Begriff ist: Wer ist schon gerne Teil einer Herde? Er empfiehlt die Vokabel »Gemeinschaftsschutz«. Weil aber Herdenschutz der international eingeführte Begriff ist (*herd immunity*), stellen wir uns nicht an, blöken einmal und bleiben dabei.

Die Sache mit der Herdenimmunität funktioniert so: Damit ein Masernvirus eine ordentliche Epidemie auslösen kann, braucht es Wirte, in denen es sich vermehren kann. Früher – vor Einführung der Impfungen in den Sechzigerjahren – war das ganz einfach: Ein Kind erkrankte an Masern, und bald bekamen auch Geschwister, Spiel- und Klassenkameraden Fieber und Pusteln (und wenn sie Pech hatten, auch noch eine Lungen- oder Gehirnentzündung).

Heute bekommt vielleicht ein Kind die Masern, aber das Virus findet keinen weiteren Wirt, weil alle oder fast alle Kontaktpersonen geimpft sind. Die Epidemie wird abgewürgt, weil die Infektionskette nach wenigen Gliedern endet. Doof für das Virus, gut für die Menschen.

Gut vor allem für die Menschen, die gegen Masern nicht ausreichend geschützt sind. Das sind sehr kleine Kinder, Säuglinge, die mit Lebendimpfstoffen noch nicht geimpft werden können. Das sind Erwachsene, die an einer angeborenen Immunschwäche leiden, die HIV-infiziert sind oder infolge einer Organtransplantation oder wegen rheumatischer Erkrankung Immunsuppressiva schlucken müssen. Sie profitieren vom Herdenschutz. Um nicht zu sagen: Sie sind auf den Herdenschutz angewiesen, weil sie sich selbst nicht schützen können.

Wer sich auf seine Freiheit beruft, auf empfohlene Impfungen verzichten zu können, schränkt damit die Freiheit von jungen Eltern, ihren Babys oder Menschen mit Immunschwäche ein. Denn wer damit rechnen muss, dass ungeimpfte

Masernkranke ins Einkaufszentrum oder in die Kita kommen, wird sein eigenes noch ungeschütztes Kind dieser Infektionsgefahr nicht leichten Herzens aussetzen wollen.

Aber nicht nur die, die (noch) nicht geimpft werden können, profitieren davon, sondern alle anderen Ungeimpften auch. Und das ist die Krux: Das Wissen um diesen Schutz der Gemeinschaft kann nicht nur eine höhere Impfbereitschaft hervorrufen, weil der Einzelne soziale Verantwortung übernimmt – es kann auch zum Trittbrettfahren einladen. Der Einzelne profitiert bewusst oder unbewusst vom Schutz, den ihm die gut geimpfte Gesellschaft bietet, ohne selbst zu diesem Schutz beizutragen. Erfreulicherweise haben Cornelia Betsch und ihre Arbeitsgruppe an der Uni Erfurt festgestellt, dass die Impfbereitschaft steigt, wenn die Menschen wissen, was Herdenimmunität bedeutet. Dieses Schwarzfahren funktioniert logischerweise nur so lange, wie genügend andere ein Ticket lösen. Und aus der jüngeren Vergangenheit gibt es eine Reihe von Beispielen, in denen das Konzept des Trittbrettfahrens gescheitert ist. Besonders gut untersucht ist eine Masernepidemie, die Coburg in Oberfranken ab November 2001 acht Monate lang heimsuchte. In Stadt und Landkreis erkrankten 1191 Menschen – überwiegend Kinder. Unter den Kranken waren auch gut 100, die eigentlich rechtzeitig und mindestens einmal gegen Masern geimpft worden waren. Das entspricht der bei Masern üblichen Quote. Es kam glücklicherweise – anders als bei vergleichbaren Ausbrüchen – zu keinen Todesfällen, auch zu keinen Gehirnentzündungen, aber zu einer Menge Mittelohrentzündungen, zu zahlreichen schweren Lungenentzündungen mit wochenlangen Krankenhausaufenthalten, zu einigen Fieberkrämpfen und anderen Komplikationen. Es ist wirklich ein glücklicher

Umstand, dass der Krankheit kein ungeschützter Säugling zum Opfer fiel.

Interessant an dem Coburger Fall sind vor allem zwei Beobachtungen. Erstens: Die Zahl der Impfungen stieg während der Epidemie sprunghaft an. Offenbar fanden auch Eltern, die der Impfung zuvor kritisch oder gleichgültig gegenübergestanden hatten, dass es jetzt doch angebracht sei, die eigenen Kinder impfen zu lassen. Als so harmlos erschien die Krankheit dann wohl doch nicht mehr, als man ihr unmittelbar begegnete. Im Kleinen passierte das, was wir während der Coronaepidemie weltweit erlebt haben. Wo bleibt der Impfstoff? riefen auch viele derjenigen, die Impfungen vorher kritisch oder gleichgültig gegenübergestanden hatten.

Zweitens: Coburg, Stadt und Landkreis, hatte eine auffällig niedrige Durchimpfungsrate. Nur 77 Prozent der Schulanfänger hatten damals eine erste Masernimpfung erhalten, wahrscheinlich hatten noch weniger die eigentlich notwendige zweite Impfdosis bekommen. Coburg ist aber praktisch umzingelt von fränkischen und thüringischen Landkreisen, in denen die Impfrate zwischen 90 und 97 Prozent lag. Und dort traten jeweils nur zwischen sechs und 31 Masernfälle auf. Das zeigt, wie effektiv eine hohe Durchimpfungsrate ist. Sie schützt den einzelnen Geimpften, aber auch die Ungeimpften – und diejenigen, die bei einer Epidemie möglicherweise trotz einer (unvollständigen) Impfung krank werden würden.

Kleiner Ausflug zur Weltgesundheitsorganisation WHO: Ihr Ziel ist es, die Masern auszurotten. Das würde theoretisch gehen, weil Masern nur von Mensch zu Mensch weitergegeben werden können – das heißt, sie brauchen ungeschützte Menschen, um selbst überleben zu können. Und praktisch würde das mit dem Ausrotten klappen, wenn die Durchimpfungsraten über 95 Prozent lägen. Den Rest erledigt dann die Herdenimmunität.

Aber 95 Prozent ist ein Wert, der beispielsweise bei Grundschülern in München klar verfehlt wird. In den USA und den meisten anderen amerikanischen Staaten waren die Masern hingegen verschwunden und wurden nur noch eingeschleppt – auch aus Deutschland. Inzwischen gibt es infolge des Erstarkens der Impfgegner, der Anti-Vaxx-Bewegung, auch in den USA wieder mehr Fälle, in denen sich importierte Masern in Gemeinden mit vielen Ungeimpften ausbreiten können.

Das bringt uns zu der Frage, ob es nicht eigentlich ganz gut ist, wenn Kinder sogenannte Kinderkrankheiten durchmachen. Für die Persönlichkeitsbildung, für einen »Entwicklungsschritt«, wie der Anthroposoph Rudolf Steiner glaubte, oder fürs Immunsystem?

Mit den Eigenschaften der Wundermaschine Immunsystem beschäftigen wir uns im vierten Kapitel. Hier nur so viel: Impfungen sind gut fürs Immunsystem. Sie nutzen dieselben Mechanismen wie eine Infektion – allerdings mit dem unschätzbaren Vorteil, dass die Impfviren abgeschwächt oder in Bestandteile aufgelöst sind oder der Körper selbst Virenproteine produziert, die aber harmlos sind, weshalb man eben auf das Erleben einer Krankheit mit möglicherweise gravierenden Folgen verzichten kann. Das Immunsystem wird dennoch trainiert und für einen späteren Angriff des Krankheitserregers gerüstet.

Und, um ein anderes Argument aufzugreifen, das oft gegen das Impfen angeführt wird: Impfungen, auch Dreifach-, Vierfach-, Fünffach- oder Sechsfachimpfungen, »überfordern« das Immunsystem nicht. Ein kindliches Immunsystem ist täglich mit Dutzenden, Hunderten neuer Antigene – Viren, Bakterien, natürlichen und künstlichen chemischen Verbindungen – konfrontiert. Kinder verbringen halbe Tage in der Krabbelgruppe auf vollgesabberten Wolldecken, Kleinkinder essen den Inhalt ganzer Sandkisten, Grundschüler niesen sich an. Das Immunsystem hat da ganz schön was zu tun. Es kapituliert nicht vor einer Sechsfachimpfung. Und das ist nicht nur so dahingesagt, das ist gründlich untersucht: Mehrfachimpfungen verursachen nicht mehr Nebenwirkungen oder Komplikationen als Einfachimpfungen. Mehrfachimpfungen ersparen den Impflingen aber viele Pikser und verringern damit die Häufigkeit der bereits angesprochenen Körperverletzung.

In den ersten neun Monaten werden Kindern jedoch nur sogenannte Totimpfstoffe verabreicht. Damit kommt auch das junge Immunsystem von Säuglingen gut klar. Bei den Lebendimpfstoffen kann es anders aussehen. Erst ab dem zehnten Lebensmonat darf man Impfstoffe geben, die abgeschwächte, aber lebende Erreger enthalten. Ab diesem Alter schafft es das kindliche Immunsystem, diese vermehrungsfähigen Impfviren unter Kontrolle zu halten. Auch dies ist millionenfach erprobt.

Noch mal kurz zurück nach Coburg – einfach, weil es ein so schönes Beispiel ist: Viele der damals ungeimpften Kinder gehörten zu den Patienten eines Kinderarztes mit zusätzlichem Homöopathiestudium. Er vertritt auch heute die Ansicht, Kinderkrankheiten seien »als Festigung der (kindlich-menschlichen) Vitalitäts- und Immunkräfte zu verstehen«. So ist es auf seiner Internetseite nachzulesen. Eine »bedingungslose Impfung jedweder Kinderkrankheit« bedürfe daher einer ausführlichen, impfberatenden Diskussion, in die das Kind, die Eltern, die Großeltern und deren Krankheitsbiografie einzubinden seien. Es ist grundsätzlich richtig, ausführlich zu beraten und dabei die Krankheitsbiografie von Großeltern, Eltern und Kind »einzubinden«. Immer. Nicht nur bei Impffragen. Und es mag gelegentlich der Fall sein, dass Ärzte die Bedenken der Eltern bei einer Impfentscheidung ungeduldig oder sogar barsch abtun. Nicht selten landen zweifelnde Eltern daher mit ihren Kindern bei Ärzten, die dem Impfen kritisch oder sogar ablehnend gegenüberstehen, weil sie dort »endlich verstanden werden«. Das kann man in Internetforen von Impfgegnern nachlesen.

Allerdings weiß man heute, dass das Überstehen einer Krankheit wie Masern keineswegs die Abwehrkräfte stärkt. Wissenschaftler aus Princeton und Rotterdam wiesen nach, dass auch Jahre nach einer Maserninfektion die Wahrscheinlichkeit, an einer Infektion durch andere Erreger zu erkranken oder gar daran zu sterben, erhöht ist. Der angebliche Reifungscharakter einer Erkrankung ist damit widerlegt.

Die Idee der positiven Persönlichkeitsentwicklung infolge einer Kinderkrankheit steht ebenfalls auf unsicherem Grund. Remo Largo, der bekannte Schweizer Kinderarzt und Autor sehr guter Ratgeber zur Kindesentwicklung, sagte uns, es stimme, dass Kinder nach einer Krankheit oftmals einen Entwicklungsschub erleben. »Aber Sie können auch ein gesundes Kind 14 Tage im Bett behalten. Es will dann endlich wieder aktiv sein und Erfahrungen machen, es ist lernbegieriger als vor der Krankheit.« Es handele sich dabei um einen »Stau« – der werde aber häufig falsch interpretiert, sagt Largo. Nicht die Krankheit löse den Schub aus, sondern Untätigkeit und Isolation.

Largo sagt auch, Kinder erhielten während einer Krankheit häufig mehr Zuwendung, sie genössen mehr Aufmerksamkeit durch ihre Eltern. Davon profitieren die Kinder – unter Umständen auch in ihrer Entwicklung. »Aber«, sagt der Schweizer Wissenschaftler, »die Eltern können auch ihrem gesunden Kind ihre Aufmerksamkeit zuteilwerden lassen.«

Es ist gut, gefährliche Krankheiten zu vermeiden. Es ist eine rührende Vorstellung, dass Natur stets »gut« sei und man ihr daher ihren Lauf lassen solle. Wenn wir das konsequent täten, würde die Lebenserwartung in Mitteleuropa deutlich sinken. Wir würden unsere Kinder wieder dem evolutionsbiologischen Prinzip des *survival of the fittest* aussetzen. Und viele würden das nicht überleben. Vor allem geschwächte, kranke oder vernachlässigte Kinder wären betroffen. Die Covid-19-Pandemie hat uns vor Augen geführt, was mit den Schwächsten passiert, wenn wir eine Epidemie ungebremst laufen lassen würden.

Impfzurückhaltung ist in Mitteleuropa auch ein soziales Phänomen. Dort, wo Bildung und Einkommen besonders hoch sind, dort, wo es viele Ärzte und Heilpraktiker gibt, sind die Durchimpfungsraten am geringsten. In Deutschland gilt dies vor allem für städtische Viertel mit hohem Akademikeranteil (ja, klischeegerecht zum Beispiel für den Berliner Stadtteil Prenzlauer Berg) und für wirtschaftlich starke Landkreise in Bayern oder Baden-Württemberg. Eigentlich sollen Kinder vor Vollendung des zweiten Lebensjahres zwei Masernimpfungen erhalten. In Deutschland insgesamt sind immerhin knapp drei Viertel der Zweijährigen zweimal geimpft. In Landshut oder im Kreis Bad Tölz-Wolfratshausen ist es aber gerade mal die Hälfte, im Main-Tauber-Kreis sind es sogar nur gut 40 Prozent. Das kann man sich sehr schön auf *vacmap.de* ansehen, einer Landkarte, auf der die regionalen Impfquoten in unterschiedlichen Farbschattierungen verzeichnet sind.

Absurderweise gefährden gerade die gebildeten und wohlhabenden Menschen, die sich für gut informiert halten, auch die Gesundheit derer, die weniger Zugang zu Information und medizinischer Betreuung haben. Die Impfzurückhaltung der Reichen trifft die Armen. Die Impfgegnerschaft einer vermeintlichen Informationselite trifft die, die vielleicht aus sozialen Gründen seltener oder später zum Arzt gehen und deren Kinder bei Komplikationen möglicherweise nicht sofort die beste Versorgung bekommen. Die Starken haben die Ärzte, die Schwachen haben Pech.

Skepsis gegenüber Impfungen speist sich auch aus Kritik und Zweifel an der Schulmedizin. Medizin steht heute in unseren hoch entwickelten Industriegesellschaften vielfach in dem Ruf, eine kalte, Natur und Menschen missachtende Apparate- und Pharmamedizin zu sein. Eine solch pauschale Beschreibung übersieht, dass Zehntausende von Ärztinnen, Ärzten, Pflegern und Pflegerinnen sehr wohl den Menschen sehen, sich einfühlen und sorgfältig nach der individuell richtigen Behandlungs- und Betreuungslösung suchen.

Aber Krankenhäuser sind nicht *immer* ein Ausbund menschlicher Aufmerksamkeit, nicht *immer* sehen Ärzte zuerst den Menschen und dann das Rezeptformular, und nicht *jedes* Medikament, das vertrieben und verschrieben wird, ist gleichermaßen wirksam. Es ist richtig, Therapien und Abläufe in Praxen und Kliniken kritisch zu betrachten. Es ist berechtigt, dass niedergelassene Ärztinnen und Ärzte darüber klagen, dass sie zu wenig Zeit für den einzelnen Patienten haben. Es ist hart für Krankenschwestern, Pfleger, Ärztinnen und Ärzte, viele Nachtschichten schieben zu müssen – und nicht immer ist das ideal für die Patientinnen und Patienten.

Aber es ist falsch, *die* Schulmedizin für manche systematischen oder individuellen Schwächen rundheraus abzulehnen oder zu verdammen. Und es ist nicht *die* Schulmedizin, die dafür verantwortlich ist, dass ein Patient nicht geheilt oder gerettet werden kann. Manchmal ist jemand so krank oder so schwer verletzt, dass die zur Verfügung stehenden medizinischen Mittel unter den gegebenen Umständen einfach nicht ausreichen.

Die Schulmedizin hat viele Menschenleben gerettet, sie hat die Lebenserwartung in unseren Breiten erheblich gesteigert. Sie hat die Lebensqualität von Kranken und Alten stark verbessert. Interessant ist in diesem Zusammenhang die Gegenprobe, die jeder selbst durchführen kann: Wie kritisch ist mein Verhältnis zur Schulmedizin, wenn meine Gesundheit und mein Leben oder das meines Kindes durch eine Krankheit konkret bedroht sind? Im Zweifelsfall ist die Antwort: Ich kann gar nicht genug Schulmedizin bekommen, und ich bestehe darauf, dass ich auch in den Genuss der neuesten und allerneuesten Errungenschaften komme.

Und da sind wir wieder beim Thema: Impfen ist eine verlockende Gelegenheit, einem diffusen Unbehagen gegen »die Schulmedizin« oder »das Gesundheitssystem« nachzugeben und den medizinischen Eingriff dieses Systems zu verweigern. Und das ist vor allem deswegen so verlockend, weil man selbst oder die eigenen Kinder zum Zeitpunkt, zu dem eine Impfung fällig wäre, gesund sind. Dieser Verlockung nachzugeben ist in der Konsequenz doppelt doof. Einerseits verpasst man den Schutz vor der Krankheit, andererseits liefert man sich der Schulmedizin noch mehr aus, wenn man – wegen einer fehlenden Impfung – an Masern oder Diphtherie erkrankt und erst recht einen Arzt oder eine Krankenhausbehandlung braucht.

Was immer es an Vorbehalten gegen die Schulmedizin geben mag – bei Impfungen ist man mit diesen Zweifeln an der falschen Adresse. Denn all die Fragen nach Apparatemedizin, wirkungsarmen Medikamenten, fragwürdigen Studien, mangelnder individueller Ansprache stellen sich hier nicht. Impfen ist so gut begründet wie nur wenige Maßnahmen in der Medizin, es ist nachweislich wirksam, sorgfältig überwacht und voll etabliert. Das gilt zweifelsfrei für die jahrzehntelang eingesetzten Impfstoffe, die Kinder in ihren ersten Lebensjahren bekommen. Um es noch mal zu sagen: Sie sind der verlässlichste Weg, die eigenen Kinder aus dem sehr natürlichen und zugleich lebensgefährlichen Prinzip des *survival of the fittest* zu befreien.

Es gibt beim Menschen einen Hang dazu, Einzelfälle, von denen er gehört hat, vor einer Entscheidung höher zu bewerten als die Statistik. Wissenschaftler sprechen von *anecdote over data* – das persönlich Gehörte ist stärker als die rationale Evidenz.

Wahrscheinlich hat die Evolution dieses Bewertungsmuster irgendwann bei uns eingebaut. Das war aber in der Zeit vor Erfindung der systematischen Datenerhebung. Das Prinzip, auf eine mündlich übermittelte Einzelinformation zu vertrauen, ist durchaus nachvollziehbar. Jedenfalls solange es um Dinge geht wie: »Geht nicht durch den Wald, da gibt es viele hungrige Wölfe!« Oder: »Trink nicht aus dieser

Quelle, von dem Wasser bekommst du Bauchschmerzen.« Was für den einen Wald und die eine Quelle richtig sein mag, stimmt deshalb aber noch lange nicht für sämtliche Wälder und Quellen.

Der schärfste Feind eines diffusen Unbehagens oder einer beunruhigenden Anekdote ist die evidenzbasierte Medizin – die »rigorose Evaluierung der Gültigkeit von Erklärungen mit Hilfe wissenschaftlicher Methoden«, wie der britische Statistiker David J. Hand formulierte. In unserem Fall bedeutet Evidenz: Die Wirksamkeit, Zuverlässigkeit und Gefährlichkeit von Impfstoffen wird statistisch genau untersucht. Impfgegner behaupten häufig, die Wirksamkeit von Impfungen sei nicht bewiesen. Das Gegenteil ist der Fall. Man beobachtet nämlich sehr genau, was sich ändert, wenn ein neuer Impfstoff eingesetzt wird. Bei den Coronaimpfungen können wir alle diese Entwicklungen beobachten.

Auch nach der Zulassung eines Impfstoffes wird so genau wie möglich erfasst, wie viele Krankheitsfälle und wie viele mögliche Nebenwirkungen auftreten. Impfstoffe gehören zu den bestüberwachten Medikamenten überhaupt. Es ist eine Legende, dass sich niemand für ihre Gefahren interessiert. Die Analyse der Gefahren ist schon aus haftungs- und versorgungsrechtlicher Perspektive wichtig. Wir sehen das im achten Kapitel daran, wie Impfschäden in Deutschland behandelt werden.

Die Wirksamkeit einer Impfung wird festgestellt, wenn in der Gruppe der Geimpften eine Krankheit deutlich erkennbar seltener auftritt. Dann ist es *evident* – offenkundig, unmittelbar einleuchtend –, dass der Impfstoff wirksam ist. Es ist beispielsweise evident, dass die Impfung gegen die Kinderlähmung Polio wirksam ist, weil die Zahl der Poliofälle nach Einführung der Impfungen drastisch zurückgegangen ist.

Genauso betrachtet man die Risiken einer Impfung. In vielen Studien und in Studien über Studien (sogenannten Metastudien) wurde und wird untersucht, ob zum Beispiel Allergien, Autismus oder Multiple Sklerose bei Geimpften häufiger auftreten als bei Ungeimpften. Das Robert Koch-Institut und seine Schwestern in anderen Ländern werten diese Untersuchungen sehr genau aus oder geben sie in Zweifelsfällen selbst in Auftrag. Die TOKEN-Studie, in der über 250 ungeklärte, plötzliche und unerwartete Kindstode untersucht wurden, ist ein Beispiel dafür. Und sie fand keine Hinweise auf irgendwelche Zusammenhänge mit Impfungen.

Die Ergebnisse solcher Untersuchungen gehen in die Entscheidungen der Impfkommissionen ein. Die Studien werden in den Veröffentlichungen der Institute und der Impfkommissionen wiedergegeben und bewertet. Sie sind Grundlage der Empfehlungen. Jeder kann das nachlesen. Und sie können Anlass sein, einen Impfstoff wegen mangelnder Wirksamkeit oder einer zu hohen Zahl von Nebenwirkungen nicht zuzulassen, eine Zulassung zu widerrufen, eine Empfehlung auszusprechen oder eine Empfehlung zu revidieren. Ein Impfstoff wird nur zugelassen und er behält auch seine Zulassung nur, wenn sein Nutzen seine Risiken deutlich übersteigt.

Wegen dieser Studien gibt es Antworten auf die oben angesprochenen Fragen. Nein, es gibt keinen erkennbaren Zusammenhang zwischen Impfungen und der Zunahme von Neurodermitis. Das Gleiche gilt für Impfungen und Allergien. Das zeigen groß angelegte Studien und Metastudien, in denen weltweit Untersuchungen zum gleichen Thema ausgewertet und zusammengefasst werden. In der DDR herrschte – anders als in der Bundesrepublik Deutschland – eine gesetzliche Impfpflicht, die auch durchgesetzt wurde. Aber Allergien waren im Osten seltener als im Westen. Die Zahl der Allergien ist in Ostdeutschland seit der Wiedervereinigung angestiegen, während die Impfraten gesunken sind. Und für das atopische Ekzem, die Neurodermitis, gilt: Kinder, die darunter leiden, sollten unbedingt gegen Windpocken geimpft werden, weil die Kombination aus Neurodermitis und juckenden Windpocken für Kinder einfach unerträglich ist und sie der Gefahr schwerer Hautinfektionen aussetzt.

Nein, die Zahl plötzlicher Kindstode stieg – anders als zwischenzeitlich behauptet wurde – mit der Einführung der Keuchhustenimpfung keineswegs an. Sie ging *zurück*! Man muss annehmen, dass unter den Babys, die unbemerkt aufhörten zu atmen, Kinder waren, die schon unerkannt an Keuchhusten litten.

Nein, es gibt keinen erkennbaren Zusammenhang zwischen Multipler Sklerose und Impfungen (wir vertiefen das ebenfalls im achten Kapitel). Und über Autismus weiß man heute, dass die Prozesse, die diese Entwicklungsstörung hervorrufen, genetisch bedingt sind und bereits im Mutterleib beginnen – lange bevor ein Kind erstmals mit einem Impfstoff in Berührung kommt. Dazu noch sehr viel mehr im nächsten Kapitel.

Ja, die Zahl der Maserntoten ist schon zurückgegangen, ehe gegen die Krankheit geimpft wurde. Das begann in den Fünfzigerjahren, Impfungen waren erst ab Ende der Sechzigerjahre möglich. Aber das lag vor allem daran, dass Komplikationen – oft bakterielle Infektionen, die sich auf die Masern »draufsetzen« und daher Super- oder Suprainfektionen genannt werden – mit Medikamenten besser zu behandeln waren. Erst mit Einführung der Impfungen (und der Impfpflicht in der DDR) sank die Todesrate auf fast null.

Man kann natürlich all diese Informationen anzweifeln. Man kann die befassten Wissenschaftler, die Mitglieder der Impfgremien für befangen halten. Man kann ihnen zu große Nähe zu den Impfstoffherstellern vorwerfen. Man kann daran erinnern, dass schon Mitglieder der STIKO zurücktreten mussten. Man kann behaupten, es gebe in Deutschland, Österreich, der Schweiz und den anderen europäischen Ländern kein »unabhängiges Urteil« über Wirksamkeit und Gefahren von Impfungen. Dazu muss man dann allerdings alle kritischen, vielstimmigen, kontroversen Diskussionen in der Wissenschaft ignorieren.

Es gibt kritische Studien zur Wirksamkeit von Impfungen. Und es gibt Studien, die die vorgelegten Daten überprüfen. Die Autoren von Fachbeiträgen über Impfstoffe müssen heute ihre Verbindungen zur Impfstoffindustrie offenlegen. Hinter jedem Artikel gibt es einen Absatz, in dem mögliche Interessenskonflikte aufgelistet werden. Wissenschaftler mögen es nicht, wenn sie sich auf die Ergebnisse anderer Wissenschaftler nicht verlassen können. Und es gehört zu ihrem Job, anderen Wissenschaftlern Fehler nachzuweisen (manchen macht das sogar besonderen Spaß).

2017 hat der Bundesgerichtshof in Karlsruhe in einem Beschluss unter dem Aktenzeichen XII ZB 157/16 festgestellt, dass die Ständige Impfkommission sehr wohl Nutzen und Risiken von Impfungen anständig beurteilen kann. Eine Mutter, die Impfen für das Ergebnis einer »unheilvollen Lobbyarbeit von Pharmaindustrie und Ärzteschaft« hielt, wollte ihr Kind nicht impfen lassen. Und das wollte sie allein entscheiden – ohne den Vater, der Impfen gut fand. Der von ihr getrennt lebende Mann beantragte daraufhin selbst »die Alleinübertragung der Gesundheitssorge«. Und bekam Recht. Und zwar gerade deshalb, weil er sich an den Empfehlungen der STIKO orientierte. Diese Empfehlungen entsprächen dem »medizinischen Standard«, sagten die Richter. Den Wunsch der Mutter, ein unabhängiges Sachverständigengutachten erstellen zu lassen, lehnte der BGH ab. Die Feststellung, dass der Nutzen der Impfungen deren Risiken klar überwiegt, »beruht bereits auf sachverständigen Erkenntnissen der hierfür eingesetzten Expertenkommission«, heißt es in dem höchstrichterlichen Urteil. Mit anderen Worten: Die STIKO *ist* das unabhängige Gremium, das die Sache beurteilen kann.

Richter sind nicht unfehlbar. Auch oberste Bundesrichter nicht. Aber sie lassen sich ungern bei parteiischen Urteilen erwischen. Oder dabei, Fakten nicht ausreichend gewürdigt zu haben.

Die STIKO arbeitet seit 2008 nach einer Geschäftsordnung, die verhindern soll, dass persönliche Auffassungen, Interessenkonflikte oder Lobbyisten der Impfstoffhersteller Einfluss auf die Entscheidungen der Kommission nehmen können. Die STIKO trifft sich dreimal im Jahr – im März, im Juni und im November. Jedes der 18 Mitglieder muss vor jeder Sitzung aufs Neue einen 19-seitigen Fragebogen ausfüllen, um alle denkbaren Verbindungen zu Pharmakonzernen offenzulegen.

Und wenn Zweifel an der Unvoreingenommenheit in einer Einzelentscheidung bestehen, darf das betreffende Mitglied an der Beratung nicht teilnehmen. Das gilt für Mitglieder, die

»durch einen Beschluss der Kommission einen wirtschaftlichen Vorteil oder Nachteil erlangen« können. Das gilt für Mitglieder, die mit jemandem verwandt sind, der von einer STIKO-Empfehlung profitieren könnte. Das gilt für jeden, der für ein Impfstoffunternehmen gearbeitet hat, der Gutachten im Auftrag eines solchen Unternehmens erstellt oder dort auch nur einen bezahlten Vortrag gehalten hat. Jeder kann sich auf der Internetseite des Robert Koch-Instituts für jedes der einzelnen Mitglieder genau angucken, ob Verbindungen zu Pharmaunternehmen existieren und wie diese gegebenenfalls aussehen.

Wir zitieren die Geschäftsordnung hier mal wörtlich: »Ein Mitglied, bei dem ein sonstiger Grund vorliegt, der geeignet ist, Misstrauen gegen eine unparteiische Amtsausübung zu rechtfertigen (Besorgnis der Befangenheit), darf insoweit nicht an der Beratung und Beschlussfassung der Kommission mitwirken.« Wenn jemand die Sitzung zu einem Tagesordnungspunkt verlassen muss, wird das im öffentlichen Protokoll vermerkt. Solche Fälle gibt es.

Pharmafirmen verdienen Geld. Auch mit Impfungen. Impfstoffe gehören allerdings in der Regel (Corona dürfte da eine Ausnahme sein ...) nicht zu den sogenannten Blockbustern wie Cholesterinsenker, Gerinnungshemmer oder Arthritismedikamente, die von sehr vielen Patienten über lange Zeiträume eingenommen werden. Man kann dem ganzen Prinzip der profitorientierten Gesundheitswirtschaft kritisch gegenüberstehen. Und man kann sich wünschen, dass möglichst viele Menschen weltweit in den Genuss erschwinglicher Gesundheitsleistungen kommen. Aber die Tatsache, dass Profite gemacht werden, macht Impfungen nicht weniger sinnvoll.

Wer trotzdem glaubt, alles sei Lug und Betrug, der ist in das Lager derjenigen gewechselt, die Dinge erst für plausibel halten, wenn eine weltweite Verschwörung dahintersteckt.

Ein Wort zu Verschwörungsmythen (auf die wir auch im nächsten Kapitel noch einmal zurückkommen): Wenn Sie sich jemals an einer Verschwörung beteiligt haben, wissen Sie, worin das Problem besteht – Verschwörungen fliegen zu leicht auf. Das ist nicht nur eine historische Erfahrung, das hat der irische Physiker, Krebsforscher und Wissenschaftserklärer David Robert Grimes sogar vorgerechnet. Je mehr Leute an einer Verschwörung beteiligt sind, desto höher die Wahrscheinlichkeit, dass nicht alle dichthalten. Irgendjemand verquatscht sich. Und je länger eine Verschwörung läuft, desto mehr Gelegenheiten gibt es, sich zu verquatschen. Mal abgesehen davon, dass die Bernsteins und Woodwards dieser Welt (das sind die, die den Watergate-Skandal aufgeklärt haben) immer mehr Zeit haben, mit *Deep Throat* (dem Hauptinformanten) zu sprechen, die Verschwörung aufzudecken und in der *Washington Post* darüber zu berichten.

Denn es ist ja nicht so, dass es keine Verschwörungen gäbe: Weltberühmt sind die Fälle, als ein US-Präsident seine Gegner abhören ließ, als Geheimdienste die eigenen Bürger und befreundete Staaten ausspähten, als Menschen ohne ihr Wissen für medizinische Versuche missbraucht wurden, als Polizisten Beweise fälschten. Nur: All diese Fälle sind irgendwann aufgeflogen. Die Versuche der Vertuschung schlugen früher oder später fehl. David Robert Grimes verwendet diese Beispiele, um anhand der Zahl der Beteiligten und der Dauer bis zur Enthüllung Formeln aufzustellen, mit denen sich die Wahrscheinlichkeit oder Lebensdauer einer Verschwörung kalkulieren lassen.

Nun sagt der Verschwörungsgläubige, die Tatsache, dass in der Vergangenheit Verschwörungen aufgeflogen sind, bedeutet ja noch lange nicht, dass es aktuell keine gibt. Das stimmt. Aber die Annahme, eine Verschwörung könnte so groß sein, dass buchstäblich *alle* daran mitwirken, führt sich selbst ad absurdum. Doch genau das behaupten die härtesten Impfgegner: Praktisch alle Regierungen der Welt – wenigstens die der westlichen Industrieländer plus Russland, Indien, China – und die WHO wirken zusammen mit den Impfstoffherstellern, den Überwachungsämtern, den Universitäten und Forschungsinstituten sowie den Medien an einer großen Verschwörung mit und vertuschen wahlweise die Wirkungslosigkeit oder die Gefährlichkeit von Impfungen. Alle halten dicht. Zehntausende, wahrscheinlich Hunderttausende von Menschen! Und das nicht nur seit Jahrzehnten, sondern seit Jahrhunderten!

Wenn das nächste Mal jemand behauptet, die Wahrheit über Impfungen werde geheim gehalten, dann lachen Sie laut. Oder besser: Erinnern Sie ihn daran, dass es oft nicht mal gelingt, klitzekleine Ausreden in der eigenen Familie aufrechtzuerhalten. Irgendwann erzählt einer von dem schönen Wochenende an der Ostsee. Und Tante Marianne, deren Geburtstag man geschwänzt hat, sagt mit gespieltem Erstaunen: »Ach! Und mir habt ihr erzählt, die ganze Familie liegt mit Grippe im Bett!«

So, jetzt haben wir bereits sehr vieles abgearbeitet: Kinderangst und Elternsorge, Nebenwirkungen und falsche Warnungen, Persönlichkeitsentwicklung und Überforderung des Immunsystems, Ignoranz und Zögerlichkeit, Trittbrettfahrerei und soziale Verantwortung, Schulmedizin und die

Unabhängigkeit von Wissenschaft und Justiz. Wir haben uns mit Allergien, Autismus, Multipler Sklerose und leider auch mit dem plötzlichen Kindstod beschäftigt. Und alles, was wir gehört haben, spricht für das Impfen.

Es kann sein, dass trotzdem eine Unsicherheit bleibt. Ein Unbehagen. Die Antwort darauf ist: Das wird man vielleicht auch nicht vollständig los. Es kostet wirklich Überwindung, das eigene, wunderbare, hübsche und unberührte Baby mit einer Nadel stechen zu lassen. Das gilt übrigens für Mütter wie für Väter – auch für solche, die einen Dr. med. vorm Namen tragen. Und es lässt sich nicht ändern: Es besteht eine geringe Wahrscheinlichkeit, dass man selbst oder das eigene Kind eine Impfung schlecht verträgt. Aber diese Effekte, von denen wir hier sprechen, sind in der Regel vorübergehend und harmlos. Auf die Gefahr hin, dass wir uns wiederholen: Dieses sehr kleine Risiko einzugehen ist vernünftig. Das Risiko, dass es bei einer Erkrankung zu ernsten Folgen kommt, ist viel gravierender.

DRITTES KAPITEL,

in dem wir der sogenannten Impflüge auf den Grund gehen und Menschen begegnen, die glauben, von einer Pockenimpfung bekomme man die Grippe. In dem wir außerdem auf Internetseiten, Bücher und Filme stoßen, in denen es von Fake News, Urban Legends, Voodoo und Impflügen nur so wimmelt und eine der größten Errungenschaften der modernen Medizin als gigantische Weltverschwörung dargestellt wird.

Wer glaubt, der Streit ums Impfen sei eine neumodische Erscheinung, der sollte sich angucken, was vor 300 Jahren los war. Damals flogen sogar Bomben. Cotton Mather, ein puritanischer Geistlicher, hatte sich Ende des 17. Jahrhunderts nicht gerade als Vertreter der Aufklärung und der Moderne gezeigt. Er war treibende Kraft bei Hexenprozessen. Als aber 1721 in seiner Heimatstadt Boston die Pocken wüteten, warb er für die frühe Form der Pockenschutzimpfung, das Inokulieren. In der Bevölkerung der Stadt »erhob sich dagegen ein schreckliches Geschrei«, wie Mather berichtete.

Man warf ihm vor, er sorge mit seinen Impfungen für die Verbreitung der oft tödlichen Seuche. Außerdem mache er sich »negerhaften Denkens« schuldig, weil das Wissen um die Inokulierung von Mathers Sklaven Onesimus stammte. Der war bereits in Afrika gegen Pocken geimpft worden. Schließlich flog eine Bombe durch Mathers Fenster, versehen mit einer Botschaft: »Cotton Mather, verdammt seist Du, Du Hund; ich inoculiere Dich hiermit, mit einer Pocke für Dich.« Mather überlebte, und die militante Impfgegnerschaft war geboren.

Wer sich heute die (verbalen) Auseinandersetzungen ums Impfen in den einschlägigen Foren ansieht, muss feststellen: So viel hat sich seit damals nicht geändert. Es geht immer noch so herzlich-engagiert zu wie vor 300 Jahren. Und das gilt für beide Seiten. Auch viele Impfbefürworter haben rhetorisch ganz schön aufgerüstet – es herrscht bisweilen ein Ton, der es nicht einfacher macht, dem Thema mit Gelassenheit zu begegnen.

Seit Cotton Mathers Zeiten ranken sich um die Impffrage die tollsten Verschwörungsmythen. Eine Schutzheilige der Impfgegner ist Eleanor McBean. Sie hat ein Buch veröffentlicht, das bis heute von Impfgegnern rauf und runter zitiert wird: *Swine Flu Expose* – »Die Schweinegrippe entlarven«. Darin präsentiert McBean die These, dass sie als Jugendliche mit ihrer Familie in den Jahren 1918 bis 1921 die Spanische Grippe überlebte, weil niemand aus ihrer Familie geimpft war. Und vor allem: dass Menschen an der Spanischen Grippe starben, nur weil sie geimpft waren. Es geht dabei allerdings nicht – wie man vielleicht denken könnte – um Grippeschutzimpfungen, die gab es damals noch gar nicht, sondern um Immunisierungen gegen Pocken, Diphtherie oder Typhus. »Soweit ich herausfinden konnte«, schreibt McBean, »traf die Grippe nur die Geimpften. Diejenigen, die die Impfungen verweigert hatten, kamen davon. Meine Familie hatte alle Impfungen verweigert – deswegen blieben wir die ganze Zeit gesund.« Im Kern geht es McBean darum, dass die Spanische Grippe, an der weltweit zwischen 25 und

100 Millionen Menschen starben, in Wirklichkeit gar keine Grippe war, sondern eine Folge der Vergiftung mit Impfstoffen.

McBean gilt unter Impfgegnern auch heute noch als seriöse Quelle, als Augen- oder Zeitzeugin. Und sie wird immer dann als Kronzeugin aufgerufen, wenn es darum geht, das Impfen zu verunglimpfen und Warnungen vor einer globalen Grippeepidemie verächtlich zu machen. Man kann die gute Eleanor aber nur ernst nehmen, wenn man alle seriösen Untersuchungen der damaligen Grippepandemie ignoriert. Das Virus ist identifiziert und isoliert, sein Genom ist sequenziert. Die Ausbreitung um die ganze Welt ist rekonstruiert.

Vor 100 Jahren waren Impfungen aber tatsächlich noch eine ziemlich abenteuerliche Sache – jedenfalls gemessen an unseren heutigen Standards. Und bei den damaligen Impfungen war die Fehler-, Nebenwirkungs- oder Schädigungsrate verhältnismäßig hoch. Trotzdem haben zig Millionen Menschen weltweit ganz sicher nicht Grippe bekommen, weil sie gegen Pocken geimpft waren. Das ist einfach kompletter Unsinn.

Man darf den Impfgegnern nicht Unrecht tun. Nicht jeder von ihnen beruft sich auf die Naturheilkundlerin Eleanor McBean, die sich selbst »Elben« nannte. Dann wäre die ganze Sache als Voodooquatsch leicht aus der Welt zu schaffen. Die Herausforderung stellen vielmehr diejenigen dar, deren Thesen nicht auf den ersten Blick als abwegig zu erkennen sind.

Es gibt tolle Verschwörungsmythen über die Entstehung und Verbreitung von HIV und Aids. Am beliebtesten ist wohl die vom KGB erfundene Behauptung, HIV sei in einem Labor der US-amerikanischen Armee gezüchtet worden und dann außer Kontrolle geraten. Es wäre erstaunlich, wenn nicht auch die Ansicht Anhänger gefunden hätte, HIV und Aids seien eine Folge von Impfungen.

Die harmloseste Variante: Die Immunschwäche Aids werde unter anderem durch Impfungen ausgelöst, nicht aber durch ein Virus. Das HI-Virus gebe es nämlich gar nicht. Überflüssig zu ergänzen, dass viele Impfgegner die Existenz einer ganzen Reihe von Viren leugnen. Sie alle seien nur »erfunden« worden, um der Pharmaindustrie ein Riesengeschäft zu verschaffen.

Deutlich schärfer ist die Behauptung, der polnisch-amerikanische Immunologe Hilary Koprowski (wir begegnen ihm im fünften Kapitel wieder) habe zwischen 1957 und 1960 Hunderttausende Menschen in Belgisch-Kongo vorsätzlich mit HIV infiziert. Der Vorwurf erschien erstmals 1995 im Musikmagazin *Rolling Stone*.

Lassen wir mal den Vorsatz beiseite – die Möglichkeit, verunreinigte Polioimpfstoffe könnten für die Verbreitung eines damals noch unbekannten Virus gesorgt haben, wurde durchaus ernst genommen. Proben des damals verwendeten Impfstoffes wurden deshalb auf Spuren von Affen-DNA, HIV und SIV (das ist die Affenvariante von HIV) untersucht. Nichts wurde gefunden. 2001 wurde die Theorie der HIV-Verbreitung durch Polioimpfungen in einer ganzen Reihe von Veröffentlichungen von verschiedenen Arbeitsgruppen in der Zeitschrift *Nature* verworfen. Die Polioschluckimpfung-Aids-Hypothese gilt als widerlegt.

Man kann heute »molekulare Stammesgeschichte« erforschen, indem man die Veränderung des Erbmaterials zurückverfolgt. So lässt sich der Ursprung des HI-Virus zumindest eingrenzen. Als wahrscheinlich gilt heute, dass SIV, das Affenvirus, bereits in den Zwanzigerjahren auf den Menschen übergesprungen ist und sich dort zu HIV weiterentwickelt hat. Vermutlich wurde SIV auf den Menschen übertragen, weil Menschen Affen gegessen haben. Dann hat sich das Virus von Léopoldville (heute Kinshasa) aus durch Sex und die Eisenbahn schnell weiterverbreitet. Es kann sein, dass auch Impfungen mit verunreinigten Spritzen an der Verbreitung beteiligt waren – aber Impfungen sind ganz klar nicht die Ursache für HIV/Aids.

Jahrzehntelang dümpelt der Impfstreit vor sich hin. Die Elbens dieser (oder einer anderen) Welt spielen keine große Rolle. Der *Rolling Stone* zieht sein Aidsmärchen wieder zurück. Es gibt Impfgegner in Hippiekommunen, in anthroposophischen Gemeinschaften und auch woanders. Aber Impfgegnerschaft ist eine Randerscheinung.

Dann kommt Andrew Wakefield.

Wakefield ist Mediziner. Er veröffentlicht 1998 gemeinsam mit anderen Wissenschaftlern eine Studie, die nahelegt, dass Autismus eine Folge der Dreifachimpfungen gegen Masern, Mumps und Röteln (MMR) ist. Die Arbeit erscheint in der wissenschaftlichen Zeitschrift *The Lancet* – eines der angesehensten medizinischen Journale der Welt. Er gibt außerdem eine viel beachtete Pressekonferenz. Sein Erfolg ist durchschlagend.

In Großbritannien – Wakefield stammt aus Eton – brechen die Impfraten in den folgenden Jahren massiv ein. In den Neunzigerjahren werden im Vereinigten Königreich gut 90 Prozent der Kinder eines jeden Jahrgangs gegen Masern, Mumps und Röteln geimpft. Mitte des ersten Jahrzehnts des

21. Jahrhunderts sind es noch knapp 80 Prozent. Viele Eltern sind beunruhigt. Und das ist angesichts der Wakefield'schen Ergebnisse nicht erstaunlich. Das Problem ist jedoch nicht die Schädlichkeit der Impfungen. Wakefields Ergebnisse stehen nicht nur auf wackeligen Füßen, weil die Zahl der Fälle, die er untersucht hat, sehr klein ist, weil das Design der Studie wissenschaftlichen Standards nicht standhält und weil seine Schlüsse rein spekulativ sind. Das Problem ist, dass Wakefield betrogen hat. Wakefield hat seine Daten manipuliert. Und er hat mit Rechtsanwälten zusammengearbeitet, die Schadenersatzansprüche gegen Impfstoffhersteller durchsetzen wollten.

Wakefields Co-Autoren ziehen ihre Namen zurück. *The Lancet* zieht den ganzen Artikel zurück. Das allerdings passiert erst zwölf lange Jahre nach Veröffentlichung, weil erst dann unbestreitbar klar ist, dass Wakefield betrogen hat. Ihm wird die Approbation entzogen. Alle epidemiologischen Daten widersprechen seinen Behauptungen. Keines seiner Ergebnisse lässt sich in anderen Studien wiederholen. Die Masern waren in Großbritannien so gut wie ausgerottet – aber in den Jahren nach dem Einbruch der Impfraten steigen die Krankheitsfälle stark an.

Und Wakefield? Zieht nach Austin, Texas, beklagt, eine Verschwörung der Gesundheitsbehörden und Pharmaunternehmen habe ihn um seinen guten Ruf, seinen Job und seine Heimat gebracht. Den *Sunday Times*-Reporter Brian Deer, der Wakefields Betrug zu wesentlichen Teilen aufgeklärt hat, nennt er einen Auftragskiller (»hit man«).

Wakefield macht weiter. Er ist so was wie ein Rockstar der Anti-Vaxx-Bewegung, tourt um die ganze Welt, ermutigt Impfgegner in Berlin, hält Vorträge, verkauft Bücher und datet Exsupermodel Elle MacPherson. Gelegentlich tritt er im Fernsehen auf und erklärt sehr verbindlich, wohlerzogen und gelassen, dass er glaubt, Impfungen verursachten Autismus.

Es ist nicht erstaunlich, dass das Menschen zur Verzweiflung bringt. Peter J. Hotez ist Impfstoffforscher, Kinderarzt und Vater einer erwachsenen Tochter, die an Autismus leidet. Er hat ein sehr interessantes und gut lesbares Buch darüber geschrieben, dass Impfungen nicht Ursache der Erkrankung seiner Tochter sind. *Vaccines Did Not Cause Rachel's Autism* ist der Titel. Hotez schildert darin das Leben seiner Familie mit einem autistischen Kind und referiert den aktuellen Stand der Forschung: Autismus hat genetische Ursachen. Die Veränderungen im Gehirn eines betroffenen Menschen beginnen schon vor der Geburt – also lange vor der ersten Impfung.

Allerdings fällt der Zeitpunkt einer Autismusdiagnose oft mit der MMR-Impfung zusammen. Denn in den meisten Fällen registrieren Eltern im zweiten Lebensjahr ihrer Kinder die ersten Anzeichen für Autismus. Und im zweiten Lebensjahr bekommen Kinder auch ihre MMR-, heute oft MMRV-Impfungen (Masern, Mumps, Röteln und Windpocken). Deswegen ist es scheinbar nahe liegend, dass das eine etwas mit dem anderen zu tun hat. Nur: Ein kausaler Zusammenhang besteht nicht. »Für die Impfstoff-Autismus-Verbindung gibt es keine wissenschaftliche Basis«, sagt Hotez. Die Unterstellung der Anti-Vaxxer, Impfstoffe seien Auslöser einer Autismusepidemie, bezeichnet er daher als »widerlich«.

Peter Hotez ist ein freundlicher, kleiner Herr Anfang 60 mit Fliege und Nickelbrille, der sehr schnell antwortet, wenn man ihm eine Mail schreibt. Er hat nach eigenen Worten sein Leben der Entwicklung von Impfstoffen gegen die sogenannten »vernachlässigten tropischen Krankheiten« gewidmet (wir begegnen ihm daher im sechsten Kapitel wieder). Er forscht dazu im Texas Children's Hospital in Houston. Er ist wirklich überzeugt vom Segen der Impfungen. Er kann davon schwärmen, welches »Wunder« geschah, als beispielsweise die Infektionen mit *Haemophilus influenzae* Typ b (»Hib«) verschwanden – eine Hauptursache für Hirnhautentzündungen, die noch in den Achtzigerjahren in den USA und Europa zu vielen Todesfällen führten. Hotez verbringt heute ziemlich viel Zeit damit, Impfgegnern auf allen Kanälen zu widersprechen. Er ist überzeugt, die Institutionen der Public Health hätten viel früher anfangen sollen, der Anti-Vaxx-Bewegung entgegenzutreten. In der *New York Times* schreibt er, er befürchte, dass die Gesundheit in den Vereinigten Staaten »bald bedroht sein wird, weil wir gegen die Pseudowissenschaft und die falschen Verschwörungsvorwürfe dieser Bewegung nicht aufgestanden sind«.

Tatsächlich gibt es nach Jahren der Ruhe nun immer wieder Masernausbrüche in den USA. Und die verbreitete Ablehnung von Impfungen erschwert die Eindämmung von Covid-19.

Die neue Antiimpfbewegung begann mit Wakefields Artikel und Pressekonferenz. Sie startete in Großbritannien und breitete sich von dort in die USA aus. Sie tummelt sich in den Sozialen Medien. Sie ist gut organisiert, gut finanziert und viel mächtiger als in Europa. Aber vieles von dem, was man in den vergangenen Jahren in den USA beobachten konnte, ist inzwischen auch in Europa zu finden. Beispielsweise ist die Behauptung, Bill Gates wolle den Menschen bei Impfungen heimlich Mikrochips einpflanzen, auch unter deutschen Coronaleugnern beliebt.

In Deutschland, Österreich und der Schweiz ist keine der Parlamentsparteien erkennbar impfgegnerisch. Die österreichischen Grünen räumen den Skeptikern aber schon recht viel Platz ein. Sie fordern Einzel- statt Mehrfachimpfungen, Programme, die den Impfnutzen dokumentieren sollen, »unabhängige Langzeitstudien« über Impfnebenwirkungen und Impfschäden (dahinter steckt natürlich die falsche Behauptung, solche Studien gebe es nicht). Die Spitze von Bündnis 90/Die Grünen in Deutschland hat sich hingegen angesichts einer Masernepidemie in Berlin 2015 klar für Impfungen ausgesprochen.

In Italien aber gibt es unter linken und rechten Populisten relativ starke Impfgegnerfraktionen, die sich auch gegen die dort seit 2017 bestehende Impfpflicht einsetzten. 2018, im Wahlkampf, erklärte beispielsweise Matteo Salvini, der Vorsitzende der Lega, »zehn der vorgeschriebenen Impfungen sind nutzlos und in vielen Fällen gefährlich, wenn nicht schädlich«.

Auch in den USA findet die Auseinandersetzung mitten in der Politik statt. Donald Trump hat in seinem ersten Wahlkampf die Autismusbehauptung unterstützt. In vielen seiner brüllenden Tweets griff er das Thema auf. Immer schrieb er AUTISMUS in Großbuchstaben. Im März 2014, gut anderthalb Jahre vor seiner Wahl zum US-Präsidenten, twitterte er: »Wenn ich Präsident wäre, würde ich mich für saubere Impfungen einsetzen, würde aber einmalige gewaltige Injektionen nicht erlauben, die ein Kind nicht vertragen kann –

AUTISMUS.«[1] Ein paar Stunden später: »Gesundes junges Kind geht zum Doktor, wird mit gewaltigen Injektionen mit vielen Impfstoffen vollgepumpt, fühlt sich nicht gut, verändert sich – AUTISMUS. Viele solcher Fälle!«[2]

Trump kündigte die Einsetzung einer Kommission zur Untersuchung der Impfstoffsicherheit an. Er versprach Robert F. Kennedy jr., Sohn von Bobby, Neffe von John F. und einer der prominentesten Impfgegner, den Vorsitz dieser Kommission. Wenige Monate vor seiner Wahl traf sich Trump mit bekannten Impfgegnern, nicht nur mit Kennedy. Es ist vielleicht wenig überraschend, dass auch ein britischer Mediziner dabei war: Andrew Wakefield. Der zeigte sich anschließend davon angetan, wie gut Trump bereits über das Autismusthema im Bilde gewesen sei. Wakefield war 2017 auch Gast auf einem der Bälle zu Trumps Amtseinführung.

Aber Trumps Elan in der Impffrage ging im Weißen Haus irgendwie verloren. Robert F. Kennedy jr. zeigte sich verärgert, dass er auch auf wiederholte Nachfragen bei den Trump-Leuten keine Reaktion mehr erhielt. Später sagte er, Trump sei »auf der Seite der Industrie und gegen die Wissenschaft«. Wobei »Wissenschaft« in Kennedys Sinn bedeutet: die abwegige Meinung Einzelner, die durch zahlreiche Studien klar widerlegt ist.

Es gibt einen, der sich zugutehält, Trump auf den Pfad der Vernunft zurückgebracht zu haben: Bill Gates. Im März 2016

---

1 »If I were President I would push for proper vaccinations but would not allow one time massive shots that a small child cannot take – AUTISM.« (27. März 2014)

2 »Healthy young child goes to doctor, gets pumped with massive shot of many vaccines, doesn't feel good and changes – AUTISM. Many such cases!« (28. März 2014)

nach Trumps Amtseinführung ist Gates im Weißen Haus zu Gast, um dort für seine weltweiten Impf- und Gesundheitsprogramme zu werben. Der Milliardär hat über dieses Treffen auf einer internen Microsoft-Veranstaltung berichtet. Man kann einen kurzen Clip dazu im Netz finden. Trump habe ihn, Gates, gefragt, ob Impfstoffe schlecht seien. Und Gates habe geantwortet, Wissenschaft sei eine gute Sache, die Geschichte mit dem Autismus sei »eine Sackgasse«. Eine Kommission? »Mach das nicht!« Trump zeigte hier einen der seltenen Fälle von Einsicht während seiner Präsidentschaft. Er erwähnte das Thema nie mehr – zur großen Enttäuschung der amerikanischen Impfgegner und zur Erleichterung der amerikanischen Public-Health-Leute (denen er während der Coronakatastrophe das Leben weiter schwer machte).

Trumps Präsidentschaft ist beendet. Wakefield allerdings treibt sein Spiel weiter. Vertreter von Gesundheitsbehörden in Minnesota halten ihn für mitverantwortlich für einen heftigen Masernausbruch in einer somalischen Gemeinde in Minneapolis. Wakefield und andere Anti-Vaxx-Aktivisten hatten die Einwanderer besucht und dort vor Impfungen gewarnt. Offenbar hatten die Mitglieder der Gemeinde den – unzutreffenden – Eindruck gewonnen, dass besonders viele ihrer Kinder von Autismus betroffen waren.

Die weltweite Impfgegnerbewegung ist längst über Wakefield hinausgewachsen – auch wenn er immer noch eine wichtige Person ist, weil seine betrügerische Studie in der Szene bis heute eine zentrale Bedeutung hat. Aber Kennedy zum Beispiel zieht vor allem gegen das quecksilberhaltige Konservierungsmittel Thiomersal (im Amerikanischen: Thimerosal) zu Felde, das aus seiner Sicht Autismus verursachen könnte.

Thiomersal war früher in einer Reihe von Impfstoffen enthalten. Man findet es heute nur noch in bestimmten Grippeimpfstoffen und manchen Kosmetikprodukten. Früher war es auch Tätowiertinte beigemengt. Es ist aber heute in der EU dafür nicht mehr zugelassen. Obwohl es keine epidemiologischen Studien gibt, die einen Zusammenhang zwischen dem Konservierungsmittel und Autismus oder anderen neurologischen Erkrankungen nahelegen, haben die Gesundheitsbehörden in den USA und in Europa bereits Ende der Neunzigerjahre empfohlen, auf Thiomersal zu verzichten. Seitdem gibt es keine Kleinkindimpfungen mehr, die die Quecksilberverbindung enthalten. Die Europäische Arzneimittel-Agentur (EMA) hat betont, dass dies eine Vorsichtsmaßnahme sei – auch um die Akzeptanz von Impfprogrammen nicht zu gefährden. Im Grunde reagiert die EMA hier auf irrationale Befürchtungen. Das ist ein zweischneidiges Schwert, weil es einerseits den Bedenken impfender Eltern entgegenkommt, andererseits Impfgegnern Gelegenheit gibt zu behaupten, es sei ja wohl doch was dran am Thiomersal-Verdacht. Aber das ist nicht so. Hätte Thiomersal etwas mit Autismus zu tun gehabt, hätte die Zahl neuer Autismusdiagnosen nach der Absetzung des Mittels zurückgehen müssen. Das ist leider nicht der Fall.

Ähnlich ist es mit Aluminium – auch ganz oben auf der Schreckensliste der Impfgegner. Auch hier keinerlei epidemiologische Hinweise darauf, dass Impfungen durch die Zugabe von Aluminiumverbindungen schädigende Wirkung hätten. Die üblicherweise eingesetzten Aluminiumhydroxid oder Aluminiumphosphat verstärken die Immunreaktion auf Totimpfstoffe, die keine lebenden Erreger enthalten. Ohne die Wirkungssteigerung durch diese Adjuvanzien würden die Impfungen beispielsweise gegen Diphtherie, Tetanus und Keuchhusten nicht funktionieren. Und in Lebendimpfstoffen wie MMR und MMRV sind ebenso wie in den neuartigen Vektor- und mRNA-Impfstoffen keine Wirkverstärker enthalten.

Es gibt bei den Aluverbindungen allerdings manchmal Unverträglichkeiten, beispielsweise allergische Reaktionen (wie gegen alle anderen Arzneimittel auch). Manche Menschen entwickeln an der Einstichstelle auch Granulome in der Haut, kleine Knötchen, die später wieder verschwinden. In sehr seltenen Fällen gibt es entzündliche Reaktionen in den Muskeln, in die ein Impfstoff gespritzt wurde. Und natürlich gibt es auch hier wieder den Verdacht, diese Reaktionen könnten weitere ungewünschte Folgen haben. Französische Wissenschaftler stellten 2001 einen Zusammenhang zwischen solchen Reaktionen im Muskel des »Impfarmes«, chronischer Müdigkeit oder Muskelschwäche her. Aber dafür gibt es seither keine Bestätigung. Das Paul-Ehrlich-Institut (PEI) – für die Prüfung von Impfstoffen zuständig – sagt, dass sich in Deutschland aus der regelmäßigen Auswertung der Verdachtsfälle von Impfkomplikationen »kein Risikosignal« für solche Reaktionen nach aluminiumhaltigen Impfstoffen ergibt.

Aluminium ist giftig, Quecksilber ist es auch. Es kommt allerdings wie immer auf die Dosierung an und natürlich auch auf die Form, in der solche Substanzen verabreicht werden. Zum Vergleich: Wir nehmen Aluminium in deutlich höherer Konzentration über die Nahrung zu uns, als sie in Impfstoffen zu finden ist. Und natürlich gilt auch hier das Prinzip der Abwägung von Risiken. Der Nutzen einer Impfung gegen Diphtherie, Tetanus und Keuchhusten ist viel, viel höher als das Risiko, das möglicherweise vom Aluminium ausgeht. Gerade diese drei gefährlichen, oft tödlichen Krankheiten sind keineswegs ausgestorben, sondern Beispiele dafür, dass ohne Impfungen die Gefahr schnell zurückkehrt.

Die Impfgegner sind deutlich in der Minderheit, gerade in Mitteleuropa. Ihr Einfluss aber wächst. Und die Impflücken, die durch Verweigerung oder auch nur durch Zögern gerissen werden, haben Konsequenzen. Vor allem für den Herdenschutz, der auch Ungeimpfte vor Infektionskrankheiten schützt.

Die Delle, die Wakefields Veröffentlichung in der britischen Impfstatistik verursacht hat, ist erst seit 2012 wieder ausgeglichen. Fast alle britischen Babys werden wieder gegen Masern, Mumps und Röteln geimpft. Aber es laufen Hunderttausende Jugendliche und junge Erwachsene herum, die wegen der Wakefield-Krise nie eine Masernimpfung bekommen haben. Die britischen Behörden haben daher aufwendige »Catch up«-Programme gestartet, um die verpassten Impfungen nachzuholen.

In den USA gibt es eine indirekte Impfpflicht. Es besteht keine gesetzliche Verpflichtung, aber Kinder, die öffentliche Schulen besuchen, müssen geimpft sein. Eine Ausnahme gilt, wenn Kinder aus medizinischen Gründen nicht geimpft werden *können*. Und in 18 Staaten gibt es die Möglichkeit, nichtmedizinische Ausnahmen (NMEs) zu beantragen – aus religiösen oder persönlichen Gründen. Die Zahl dieser NMEs steigt infolge der Anti-Vaxx-Kampagnen deutlich an. Von den Masernausbrüchen in den USA, wo die Krankheit im Jahr 2000 als ausgerottet galt, ist schon die Rede gewesen.

2017 haben laut UNICEF 98 Länder einen Anstieg der

Masernfälle gemeldet – also jedes zweite Land der Welt. In der EU wurden 2019 rund 13.000 Masernfälle registriert – mehr als zwei Drittel davon endemisch, das heißt nicht von Reisenden, Einwanderern oder Flüchtlingen importiert, sondern aus dem Land selbst stammend. Mindestens zehn Menschen starben – in Rumänien, Italien und Frankreich. Das geht nicht alles auf das Werk von Impfgegnern zurück, aber die Infektionen treffen vor allem Ungeimpfte.

In der gesamten WHO-Region Europa – sie umfasst 53 Länder einschließlich Israel, Türkei, Usbekistan und Aserbaidschan – haben sich 2018 über 83.000 Menschen mit Masern angesteckt. 74 Menschen sind daran gestorben, berichtet die Weltgesundheitsorganisation. Am schwersten betroffen war die Ukraine mit über 53.000 Fällen. Das war sicher auch eine Folge von Bürgerkrieg und Niedergang der staatlichen Ordnung – allerdings glauben angeblich auch 60 Prozent der ukrainischen Medizinstudenten und Medizinstudentinnen, Impfungen verursachten Autismus. Das Beispiel Ukraine zeigt jedenfalls, wie schnell die Menschen gefährdet sind, wenn die Impfprogramme nicht mehr greifen.

Natürlich gibt es auch Antiimpfbewegungen, die nichts mit den Aktivisten von Wakefields Schlag aus Europa oder den USA zu tun haben. In Israel und in jüdischen Vierteln von New York kam es 2018 und 2019 zu heftigen Masernausbrüchen, weil manche ultraorthodoxen Juden Impfungen ablehnen.

In Japan war die HPV-Impfung bis 2013 sehr erfolgreich, mit der sich junge Frauen vor der Infektion mit einem Virus schützen, das an der Bildung von Gebärmutterhalskrebs beteiligt ist. Dann brechen die Impfraten drastisch ein. Denn es tauchen Videos auf, auf denen Mädchen angeblich infolge der HPV-Impfung zucken und torkeln. Ein Wissenschaftler behauptet später, er habe nachgewiesen, dass der Impfstoff Mäusehirne schädigt. Allerdings geben seine Daten das gar nicht her.

Auf den Philippinen sind die Masernimpfraten deutlich eingebrochen. Zu Beginn des Jahres 2019 gab es Tausende Erkrankungen mit Dutzenden von Todesfällen. Es hatte zuvor Hinweise darauf gegeben, dass ein Impfstoff des Herstellers Sanofi Pasteur gegen das gefürchtete Denguefieber in Einzelfällen zu heftigeren Krankheitsverläufen führen kann. Schnell verbreiteten sich unzutreffende Gerüchte, Kinder könnten an der Dengueimpfung sterben. Dengue hat mit Masern nichts zu tun, der Dengueimpfstoff hat nichts mit dem Masernimpfstoff zu tun, aber der Vertrauensverlust in die Dengueimpfung beschädigte auch das Vertrauen in andere Impfungen – mit tragischen Folgen.

In Indonesien gibt es Imame, die Impfungen verbieten, weil bei der Produktion mancher Impfstoffe »unreine« Stoffe verwendet worden sein können. Ein indonesisches Pharmaunternehmen will nun Impfstoffe entwickeln, die »halal« (erlaubt) sind. Allerdings gibt es auch zahlreiche islamische Geistliche, die den Wert von Impfungen für die Gesundheit der Gläubigen höher bewerten als die religiöse Reinheit der Impfstoffe.

Die Taliban in Afghanistan bekämpfen Impfprogramme westlicher Organisationen gewaltsam, ähnlich war es beim IS in Irak und Syrien. Und in Nigeria wurden oder werden Gerüchte verbreitet, mit den Impfstoffen wolle der Westen die Männer impotent machen und so die muslimische Bevölkerung reduzieren.

Auch in Entwicklungsländern verbreitet sich Antiimpfpropaganda über soziale Netzwerke. Nicht nur die regionalen Mythen, sondern auch »unsere« Desinformation über Autismus oder die angebliche Wirkungslosigkeit von Impfungen wabert um die ganze Welt. Peter Hotez sagte in einem Interview mit dem britischen *Guardian*, die USA und Europa seien sehr gut darin, ihre Kultur zu exportieren. »Nun exportieren wir diesen Müll. Was passiert, wenn die Impfgegnerbewegung Indien erreicht?«

2019 hat die WHO »Impfzögerlichkeit« zu einer der zehn Bedrohungen der globalen Gesundheit erklärt. Der Widerwille oder die Verweigerung zu impfen gefährde die Bekämpfung von Krankheiten, die durch Impfstoffe verhindert werden könnten. Weltweit sei die Zahl der Maserninfektionen 2018 um 30 Prozent gestiegen. Ein wichtiger Grund dafür sei unter anderem der Verlust von Vertrauen in die Sicherheit von Impfstoffen.

Was viele Wissenschaftler in den Wahnsinn treibt, ist der antiaufklärerische Impuls, der sich bei Impfgegnern Bahn bricht. Radikale Impfgegnerschaft ist eine Spielart des *denialism* – der Bewegung, sich allen wissenschaftlichen Erkenntnissen zu verweigern, sie infrage zu stellen oder sie als Lüge, Erfindung oder mindestens als Dummheit zu diskreditieren. Peter Hotez sagt, »es gibt einen generellen Anstieg in dem, was ich Antiwissenschaft nenne. Und es manifestiert sich auf verschiedene Arten – die Leugnung des Klimawandels oder die Behauptung, Impfungen verursachten Autismus«. Hotez wirft den Anti-Vaxxern »Hass auf ihre Familien und Hass auf ihre Kinder« vor, weil sie sie aktiv der Gefahr von Krankheiten aussetzen, vor denen sie sie leicht schützen könnten.

Wir würden eher sagen, *denialism* ist eine Möglichkeit, sich selbst wahnsinnig toll zu finden. Wer die Erkenntnisse der weltweiten Wissenschaftsgemeinschaft als Fälschung entlarvt – und das ist es, was Impfgegner aus ihrer Sicht tun –, gibt sich selbst ein großartiges Überlegenheitsgefühl. Es ist nicht nur das warme, leuchtende Gefühl des Rechthabens. Es ist der glühende, strahlende Triumph über *alle anderen*! Und das ist wahrscheinlich der Grund dafür, dass auch intelligente Impfgegner trotz erdrückender Beweislast gegen ihre Thesen immer weitermachen.

Leider gibt es auch auf Seiten der Impfbefürworter ziemliche Klugscheißer. Sie greifen in höhnischem Ton die Vertreter der Gegenseite an. Das ist einerseits zu verstehen, weil man mit den Feinden der Aufklärung nicht freundschaftlich umgehen sollte. Andererseits kann der Genuss an Rechthaberei, der manchmal herauszuhören ist, auch genau die abschrecken, die man eigentlich überzeugen möchte. Nämlich die, die verunsichert sind und Aufklärung suchen, nicht Besserwisserei.

Denn es stimmt ja: Nicht alles, was beim Impfen im Körper passiert, ist bereits »vollständig verstanden«, wie die Wissenschaftler sagen. Es bleibt bei Wirkmechanismen und möglichen Nebenwirkungen eine Unsicherheit. Manchmal stoßen wir auf Probleme, die vorher niemand erwartet hat. Aber das ist das Wesen des wissenschaftlichen Fortschritts und nicht die Unmenschlichkeit eines rücksichtslosen Pharmakapitalismus.

Paul Offit, der den Impfstoff gegen die Rotaviren entwickelt hat, gehört auch zu denen, die voller Inbrunst gegen Impfgegner eintreten. Er sagt, wir wollen auf der einen Seite alle Risiken kennen, die mit Impfstoffen verbunden sind.

Und wir setzen auf der anderen Seite darauf, dass der medizinische Fortschritt weitergeht. Diese zwei Positionen seien eigentlich unvereinbar. »Während wir voranschreiten, lernen wir – immer«, sagt Offit. Aber wir seien immer weniger bereit, diesen Prozess, der logischerweise mit Unsicherheiten verbunden ist, zu akzeptieren. »Unglücklicherweise habe ich keine Hoffnung, dass es uns in den nächsten 100 Jahren besser gelingt, die erforderlichen Risiken zu akzeptieren, die damit verbunden sind, dass wir unser Wissen durch Erfahrung erweitern.«

Offit ist pessimistisch. Hotez ist es im Grunde auch. Die WHO schlägt Alarm. Aber es gibt auch Anlass zu Hoffnung: Die *Washington Post* berichtete Anfang 2019 anlässlich eines Masernausbruchs im Bundesstaat Washington, dass sich Teenager über die Impfgegnerschaft ihrer Eltern hinwegsetzen.

Ethan Lindenberger, ein 18-jähriger Schüler mit Zahnspange aus Ohio, marschierte am 17. Dezember 2018 ins Gesundheitsamt seiner Heimatstadt Norwalk und ließ sich gegen Hepatitis, Grippe und HPV impfen. Seine Mutter hatte infolge der Wakefield-Veröffentlichungen Impfungen ihrer Kinder abgelehnt. Aber Ethan fing an, selbst zu recherchieren. Und offensichtlich ließ er sich – anders als seine Mutter – von den Anti-Vaxxern nicht überzeugen. »Ich hab's mir angesehen«, sagte Lindenberger der *Washington Post*. Und es sei klar gewesen, dass viel mehr für Impfungen spricht als dagegen.

VIERTES KAPITEL,

in dem wir Antikörpern, Killerzellen und dem übrigen Wunderwerk des Immunsystems begegnen, das uns täglich das Leben rettet. Und in dem wir erfahren, dass die Immunisierungen durch eine überstandene Krankheit und durchs Impfen nach demselben natürlichen Muster ablaufen.

Man muss nicht alles über das Immunsystem wissen. Das Ganze ist eine zwar faszinierende, aber auch ziemlich komplizierte Angelegenheit. Sie müssen dieses Kapitel nicht unbedingt lesen. Ein Gedanke ist aber vielleicht ganz interessant, und den können Sie im Hinterkopf behalten: Beim Impfen macht man sich die natürliche Lernfähigkeit des körpereigenen Abwehrsystems zunutze. Dem Körper werden (außer bei einer passiven Impfung, siehe auch fünftes Kapitel) keine Antikörper (Immunglobulin) zugeführt, sondern man veranlasst bestimmte Blutzellen zur verstärkten Produktion von Antikörpern beziehungsweise Rezeptoren gegen einen Krankheitserreger. Das läuft nach demselben Prinzip wie beim Überstehen einer Krankheit. Diese Antikörper markieren dann gewissermaßen die fremden Zellen, Teilchen oder Substanzen, die bei einer Infektion in den Körper eindringen. Und die markierten Eindringlinge können dann von Zellen des Immunsystems angegriffen werden. Wenn das klappt, kommt die Krankheit gar nicht erst zum Ausbruch.

Stichwort: Krankheit. Bakterien und Viren – und was es da sonst noch gibt an unangenehmen Zeitgenossen – sind nicht dazu da, uns zu ärgern. Pest- und Choleraerreger *wollen* uns nicht töten. Wir sind ihnen vollkommen wurscht. Ihnen ist überhaupt alles wurscht. Es geht ihnen nur um eines, nämlich darum, den großen Sinn ihres winzigen Lebens zu erfüllen: überleben und sich zu vermehren. Wir sind nur Wirte, Nahrung, Nährlösung, Substrat oder Vervielfältigungseinrichtung für Keime.

Trotzdem finden sich – oft auch in wissenschaftlichen Texten – immer wieder Formulierungen, die den Eindruck erwecken, Zellen würden auf irgendeine Weise *bewusst* handeln, sich »entscheiden«, etwas »als gefährlich erkennen« oder gar »heimtückisch« vorgehen. Das ist natürlich Quatsch. Hinter der Biochemie der Zellen steckt Evolution – das heißt: Zufall und Selektion –, kein Wille und schon gar kein Bewusstsein. Aber weil es so hübsch anschaulich ist, wird auch dieses Kapitel nicht vollkommen darauf verzichten, Krankheitserreger als fiese kleine Monster zu betrachten und sie auch so zu beschreiben.

Nicht alle Bakterien oder Viren, mit denen wir in Berührung kommen, machen uns krank. Wir haben eine Reihe verhältnismäßig grober Methoden entwickelt, sie uns vom Leib zu halten: Unsere Haut ist eine effektive Barriere, sie bleiben auf Schleimhäuten kleben, werden wieder ausgehustet oder sterben den Säuretod in unserem Magen. Mit vielen leben wir friedlich zusammen. Auf manche sind wir sogar angewiesen, weil sie uns beispielsweise helfen, Nahrungsmittel so zu bearbeiten, dass wir sie über unsere Darmschleimhaut aufnehmen können. Aber auch die Bakterien unserer Darmflora folgen keinem Willen, sie erfüllen keinen Kooperationsvertrag. Sie spulen nur stumpf ihr Programm ab, das über Jahrmillionen entstanden ist, in denen sie und wir uns aneinander angepasst haben. Sie fressen, teilen sich, verlassen unseren Körper wieder und finden – wenn wir uns nach der Toilette die Hände nicht waschen – vielleicht einen weiteren Wirt.

Streng genommen sind sie aber auch gar nicht so richtig in unseren Körper eingedrungen, sie leben zwar im Darm, aber damit gewissermaßen außerhalb. Denn Rachen, Speiseröhre, Magen und Darm sind eigentlich nur eine Art Schlauch, der unseren Körper von oben nach unten durchzieht. Auch dessen Bewohner haben Einfluss auf unser Wohlbefinden und unsere Gesundheit. Ungemütlich wird's aber oft erst, wenn Erreger die Körperhülle überwinden und ins Gewebe und die Körperflüssigkeiten eindringen. Dann beginnt der Abwehrkampf des Immunsystems. Da geht's dann ab wie im Science-Fiction-Film, nur mit dem entscheidenden Unterschied, dass die Aliens aus den Weltraumgruselschockern schon längst hier sind.

Wie gesagt, die Monster aus der fremden Welt des mikrobiologischen Kroppzeugs kennen nur eins: sich vermehren und verbreiten. Kein Gewissen, keine Rücksicht, kein Mitgefühl.

Für unser Immunsystem ist die Sache damit klar: Wer reinkommt, wird neutralisiert, ausgeschieden, kaltgemacht. Das ist eigentlich ganz einfach, schließlich patrouillieren ständig Geschwader von Makrophagen, Granulozyten, Lymphozyten, Killerzellen und andere weiße Blutzellen durch unsere Blutbahnen, bereit, sich auf den nächsten Eindringling zu stürzen und ihn zu fressen, zu vergiften, zu verkleben oder aufzulösen. Andere machen Meldung, rufen Verstärkung herbei oder assistieren beim Füsilieren. Wie gesagt, eigentlich ganz einfach. Allerdings müssen die Zellen des Immunsystems dazu Eindringlinge auch identifizieren können. Denn wer den Feind nicht erkennt, kann ihn auch nicht bekämpfen.

Warum wird man eigentlich krank? Wieso fühlt man sich so zerschlagen? Vergiften einen die Krankheitserreger? Es gibt tatsächlich Krankheitserreger, die Toxine ausschütten – Keuchhusten, Diphtherie oder Tetanus beispielsweise. Sie schädigen den Körper unmittelbar. Aber meistens sind es die zahlreichen Reaktionen des Immunsystems auf Viren und Bakterien, die eben nicht nur bekämpfende Wirkung gegen diese Eindringlinge haben, sondern in uns selbst das Krankheitsgefühl auslösen. Die Krankheitssymptome sind also zu einem gehörigen Teil eine Art Nebenwirkung der Immunreaktion. Es sind Botenstoffe und Entzündungsmediatoren, Zellattacken und Zerstörungen von Bakterienmembranen, die bei uns Fieber, Schwindel, Muskelschmerz, Hautausschlag und anderes hervorrufen. Gäbe es eine Packungsbeilage zum Immunsystem, sie wäre viele Seiten dick. Paul Offit, der Impfstoffforscher und Publizist, sagt, »das Immunsystem braucht eine bessere PR-Abteilung«.

Es gibt wirklich sehr viele unterschiedliche Mikroorganismen. In den Körperhöhlen eines gesunden Menschen leben buchstäblich Tausende verschiedener Bakterienarten. Um Missverständnisse zu vermeiden: Es leben dort natürlich Millionen und Milliarden von Bakterien, die gehören aber Tausenden unterschiedlichen Arten an. Bei dem Menschen, der in der U-Bahn neben uns sitzt, sind es ebenso viele, aber zum großen Teil andere Arten. Man kann heute mit gentechnischen Analysemethoden zwar herausfinden, wie viele verschiedene Arten in einer Stuhl- oder Speichelprobe oder in einem Abstrich von einer Schleimhaut enthalten sind. Das heißt aber noch lange nicht, dass wir wissen, wie die Herrschaften heißen oder womit sie sich die Zeit vertreiben. Aktuell sind rund 16.000 verschiedene Bakterienarten beschrieben und benannt. Aber man ist sich sicher, dass die Zahl der Arten, die bisher unbekannt sind, viel, viel, viel höher liegt. Die Schätzungen gehen von zehn Milliarden bis zehn Trillionen aus. Und da sind die Viren noch gar nicht mitgezählt. Man nimmt an, dass allein 200 verschiedene Viren den gewöhnlichen Schnupfen auslösen können.

Wir erwarten aber, dass unser Immunsystem mit dieser mikrobiologischen Vielfalt klarkommt. Die Zellen unseres Immunsystems können die fremden Zellen praktischerweise an den jeweils typischen Molekülstrukturen auf deren Oberflächen erkennen. Dazu muss das Immunsystem aber selbst über 100 Millionen (eine Eins mit acht Nullen!) verschiedener Antikörper und über eine Billion (eine Eins mit zwölf Nullen!!) verschiedener T-Zell-Rezeptoren herstellen, die an diese Oberflächenstrukturen andocken können.

Das ist schon für sich allein betrachtet ein Meisterwerk der Evolution (wir nähern uns dem biochemischen Gottesbeweis ...). Allerdings kommt ein ziemlich kniffliges Problem hinzu. Ebenso wie jede andere erfolgreiche militärische Organisation muss das Immunsystem wissen, wer eigentlich von draußen kommt und wer schon drin war, wer Feind ist und wer Freund. Denn weiße Blutkörperchen sollten tunlichst keine roten Blutkörperchen verspeisen, Leberzellen attackieren oder Nervenzellen für gefährlich halten. Dann geht die Sache nämlich voll nach hinten los. So etwas passiert leider. Man nennt diese Fälle von *friendly fire*, von Beschuss aus den eigenen Reihen, Autoimmunerkrankungen. Und auch sie können tödlich sein.

Die Immunologen unterscheiden zwischen angeborenem und adaptivem, also anpassungsfähigem Immunsystem. Es gibt aber auch angeborene Abwehrmechanismen, die ohne Lernprozess gegen manche Störenfriede vorgehen können. Beispielsweise kann dieses angeborene Immunsystem einige Strukturen, die bei menschlichen Zellen nicht vorkommen, als fremd erkennen und bekämpfen. Man hat lange angenommen, dass das angeborene Immunsystem mit dem Impfen nicht viel zu tun hat. Inzwischen wird diskutiert, ob das vielleicht Quatsch ist und die Zellen des angeborenen Immunsystems nicht doch auch auf Impfungen reagieren. Es gibt starke Hinweise darauf, dass Impfstoffe sogenannte unspezifische Schutzeffekte haben: Impfungen gegen Tuberkulose oder Masern schützen beispielsweise nicht nur vor diesen Erregern, sondern verringern auch die Wahrscheinlichkeit, an anderen Infektionen zu erkranken. Das wäre sehr schön – und ein weiteres Argument für Impfungen. Aber die Forschung steht noch ziemlich am Anfang, und deshalb beschäftigen wir uns hier im Weiteren mit dem adaptiven, das heißt anpassungsfähigen Immunsystem.

Viele Organismen fallen nicht automatisch als Eindringlinge auf. Sie haben auf ihrem evolutionären Weg »gelernt«, sich zu tarnen. Die Biester wollen einfach nicht erwischt werden. Also muss wiederum das menschliche Immunsystem – der anpassungsfähige, *adaptive* Teil – lernen, sie zu identifizieren. Und es sollte tunlichst auch solche Erreger erkennen, mit denen es zuvor nicht in Berührung gekommen ist. Ja, es sollte sogar Keime erkennen, mit denen der Mensch in der Evolutionsgeschichte vielleicht noch *nie* Kontakt hatte. Covid-19 beispielsweise hat eine so verheerende Wirkung, weil Menschen bis Ende 2019 mit Sars-CoV-2 nie in Kontakt gekommen waren. Deswegen gab es auch keine Grundimmunisierung wie bei anderen Krankheiten, die die pandemische Ausbreitung hätte bremsen können.

Um es noch komplizierter zu machen: Das Immunsystem muss auch körper*eigene* Zellen erkennen, die von Krankheitserregern befallen sind, also Zellen, die Bakterien oder Viren in sich tragen. Denn auch sie müssen bekämpft werden, um die Infektion unter Kontrolle zu bringen. Das läuft grob gesagt so: Zellen zerschneiden immer ein paar der Proteine, die in ihnen herumschwimmen, in kleine Stückchen. Und diese Stückchen werden dann gewissermaßen als kleine Fähnchen an der Außenseite der Zelle präsentiert. Das passiert auch mit Viren- oder Bakterienproteinen, die sich verbotenerweise in einer Zelle finden. Und so sind auf der Oberfläche einer befallenen Zelle plötzlich nicht nur die stolzen Flaggen der Jedi-Ritter, sondern auch ein paar Banner des bösen Imperiums zu sehen. Und da können Prinzessin Leias T-Cell-Fighters zuschlagen … (unsere Kinder tragen ausnahmslos das *Star-Wars*-Virus in sich).

Wie aber kann so ein kleines, niedliches Wirbeltier wie der Mensch, das nur über ungefähr 25.000 verschiedene Gene verfügt, 100 Millionen verschiedene Antikörpermoleküle und eine Billion T-Zell-Rezeptoren produzieren? Der Trick ist: Eine überschaubare Zahl von Genen wird auf vielfältige Weise miteinander kombiniert. Das ist so ähnlich wie bei den Autokennzeichen, wo man mit 26 Buchstaben und zehn Ziffern theoretisch ein paar Milliarden verschiedener Nummernschilder beschriften kann. So ähnlich ist es mit den einzelnen Genabschnitten, die jeweils Teile eines Antikörpers oder eines Rezeptors kodieren. Es entsteht so in einer frühen Lebensphase des Menschen eine unermessliche Zahl von unterschiedlichen Antikörpern und Rezeptoren. Nach einem Zufallsprinzip werden im Embryo Zellen gebildet, die auf praktisch jedes böse Antigen vorbereitet sind.

Das alles findet noch im Mutterleib statt, in dem der Embryo vor Infektionen in der Regel geschützt ist. So hat das Immunsystem noch Zeit, diejenigen Zellen auszusortieren, die sich gegen körpereigene Zellen wenden würden. Die unreifen Immunzellen, die sich mit ihren Rezeptoren an körpereigene Zellen binden, werden einfach abgeschaltet und können somit keinen Unsinn mehr treiben. Damit ist die heikle Freund-Feind-Erkennung aktiviert.

So, wenn Sie dieses Kapitel tatsächlich bis hierhin gelesen haben, haben Sie erfahren, dass sich das menschliche Immunsystem bereits auf die Begegnung mit Keimen und Toxinen vorbereitet, von denen es noch gar nichts weiß. Für Milliarden unbekannter Erreger stehen Milliarden Antikörper und Rezeptoren bereit, um Eindringlinge für Fress- und Killerzellen markieren zu können. Aber wenn das Immunsystem auf die Begegnung mit dem Bösen so gut vorbereitet ist, wozu braucht man dann überhaupt Impfungen?

Die Antwort lautet: Wenn der Feind zum ersten Mal zuschlägt, muss die Abwehrmaschinerie des Immunsystems gewissermaßen erst mal anspringen. Das dauert ein bisschen. Unter Umständen zu lange. Denn in dieser Zeit haben die Infektionstruppen einen ordentlichen Vorsprung. Sie vermehren sich, schütten Giftstoffe aus und machen uns buchstäblich das Leben schwer. Wenn der Angreifer zu schnell beziehungsweise das Abwehrsystem zu langsam ist, kann das böse ausgehen.

In uns schwimmen zwar schon die richtigen Antikörper

und die richtigen T-Zellen mit den passenden Rezeptoren herum – aber nicht sehr viele von jeder Sorte. Erst der Kontakt des passenden Rezeptors oder Antikörpers mit einem Antigen – in der Regel einem Eiweißmolekül des Erregers – löst den richtigen Alarm aus. Jetzt werden genau die Zellen in Schwung gebracht, die mehr von den nötigen Antikörpern und Rezeptoren produzieren. Dabei gibt es einen entscheidenden Effekt: Wenn die Immunmaschine nach einem Erregerkontakt einmal richtig angesprungen ist und die Infektion besiegt hat, kann sie sich fortan an dieses ruhmreiche Ereignis erinnern. Es bilden sich nach dem Kontakt mit dem Antigen sogenannte Gedächtniszellen. Je mehr davon gebildet werden, desto länger hält die Schutzwirkung an – im Idealfall lebenslang. Denn diese Gedächtniszellen können im Fall einer erneuten Infektion mit dem gleichen Erreger viel schneller die passenden Antikörper produzieren. Das passiert beispielsweise nach einer überstandenen Pocken-, Masern- oder Coronainfektion. Die Viren haben in der ersten Runde ganz schön Ärger gemacht, doch wenn ihr Opfer sich erholt hat, ist es gegen einen erneuten Angriff gewappnet. Man ist gegen die Krankheit immun geworden.

Und diesen natürlichen Effekt macht man sich beim Impfen zunutze. Klassischerweise konfrontiert das Immunsystem mit einem abgeschwächten oder getöteten Erreger (Beispiel: der Covid-Impfstoff »BBIBP-CorV« des chinesischen Herstellers Sinopharm) oder Bruchstücken von Bakterien oder Viren (wie bei »NVX-CoV2373« von Novavax).

Das Immunsystem reagiert darauf wie bei einer echten Infektion. Antikörper und T-Zell-Rezeptoren docken an die Antigene an und lösen eine Immunantwort aus. Da die Viren und Bakterien aus dem Impfstoff (oder was von ihnen übrig ist) die Krankheit selbst nicht auslösen (es gibt allenfalls eine leichte spürbare Reaktion), ist die Sache schnell erledigt. Nun aber warten Gedächtniszellen auf den Ernstfall.

Bei den neuen mRNA- und Vektorimpfstoffen ist es im Prinzip genauso. Nur werden weder lebende noch tote Viren oder Bruchstücke von Erregern injiziert, sondern der Körper wird dazu gebracht, solche Virenbausteine selbst zu produzieren.

Wir machen jetzt eine kurze Reise zurück in den Biologieunterricht – sagen wir in der zehnten oder elften Klasse. Wer dazu keine Lust hat, überspringt einfach die nächsten vier Absätze.

Jede tierische Zelle hat einen Zellkern. Darin liegt die sogenannte Erbinformation in Form langer, aufgeknäulter Stränge von Desoxyribonukleinsäure – kurz: DNA (A für *acid*). Hier ist gespeichert, ob aus einer Zelle ein Elefant wird oder eine Maus.

Diese Erbinformation aus dem Zellkern muss in Eiweißmoleküle – Proteine – übersetzt werden, denn spezifische Proteine regeln später alles, was im Körper passiert: Stoffwechsel, Wachstum und so weiter und ja, auch Krankheitsabwehr …

Dazu wird die DNA im Zellkern »abgelesen«. Es wird gewissermaßen eine Kopie erstellt, und diese Kopie wandert zu den Proteinerzeugungsmaschinen der Zellen, den sogenannten Ribosomen. Dort wird die kopierte Erbinformation erneut abgelesen und in Proteine »übersetzt«. Klingt einfach, ist aber irre kompliziert. Da stecken buchstäblich Milliarden Jahre Entwicklungsgeschichte drin.

So, die eben beschriebene Übermittlung der Erbinformation vom Zellkern zu den Ribosomen wird von der sogenannten Boten- oder Messenger-RNA übernommen – kurz mRNA, das Lieblingsspielzeug von Özlem Türeci und Uğur Şahin von BioNTech.

Die Idee ist nun, Erbinformation in Form von mRNA in menschliche Zellen einzuschleusen, die da vorher gar nicht drin war. Fremde mRNA, Virus-RNA zum Beispiel. Sie soll direkt die Ribosomen erreichen und dort die Produktion eines bestimmten Proteins anwerfen. Das ist das, was auch ein Coronavirus macht, nur dass das Virus seine *gesamte* RNA in eine Zelle einbringt, die dann *komplette* neue Viren herstellt. Der Impfstoff veranlasst die Zelle hingegen, nur harmlose Bruchstücke der Virushülle zu vervielfältigen.

Die menschliche Zelle produziert also – vorübergehend – dieses fremde Protein, das dann wiederum eine Reaktion des Immunsystems hervorruft. Die Zellen mit der eingeschleusten mRNA präsentieren dann nämlich die fremden Proteine an ihrer Oberfläche. Weil der Körper aber eben keine Viren vervielfältigt, sondern nur Bruchstücke von Virenprotein, macht dieser Prozess nicht krank, sondern sorgt nur für Immunisierung.

Bei den Impfstoffen gegen Covid-19 von BioNTech, Moderna oder CureVac wird ein Stückchen mRNA eingeschmuggelt, das das sogenannte Spike-Protein der Sars-CoV-2-Viren kodiert. Diese Impfstoffe bestehen aus mRNA umhüllt von einer Lipidschicht – ein winziges Öltröpfchen mit einem Bauplan drin gewissermaßen.

Bei den Vektorimpfstoffen wie dem von AstraZeneca oder dem russischen mit dem schönen Namen »Sputnik V« geht es um das Gleiche: Erbmaterial wird eingeschleust, Körperzellen produzieren Spike-Protein. Nur werden hier nicht mRNA-Vesikel gespritzt, sondern echte Viren. Und zwar sogenannte Adenoviren, die bei Affen Erkältungen hervorrufen, für den Menschen aber harmlos sind. In das Adenovirengenom haben die Wissenschaftler ein Stückchen reingebastelt, das wiederum das Spike-Protein kodiert.

Entscheidend ist: Bei all diesen Impftechnologien geschieht das Gleiche wie bei einer Infektion. Die Abläufe im Immunsystem sind identisch. Nur kann man angenehmerweise auf die Krankheit verzichten, um die Immunisierung zu erreichen. Noch einmal: Bei einer Impfung nutzen wir die *natürliche* Immunreaktion des Körpers.

Das Ganze funktioniert besonders gut, wenn der Impfstoff aus abgeschwächten lebenden Erregern besteht. Sie können sich im Körper vermehren, ohne gefährlich zu werden. Aber sie sind dadurch in einer Zahl vorhanden, die das Immunsystem ordentlich in Fahrt bringt. Beispiel hierfür ist die Vierfachimpfung gegen Masern, Mumps, Röteln und Windpocken (MMRV). Kinder bekommen im zweiten Lebensjahr die vier entsprechenden Viren gespritzt – nur sind die so geschwächt, dass sie die Krankheit nicht auslösen, sondern nur die Immunisierung.

Allerdings lässt sich bei einem derart aktiven Immuntraining leicht nachvollziehen, weshalb es auch hierbei zu leichtem Fieber und auch kurzzeitigem Krankheitsgefühl kommen kann. Weil diese abgeschwächten Viren zum Beispiel bei der MMRV-Impfung noch vermehrungsfähig sind, ist es vor der Impfung auch für den Arzt wichtig festzustellen, dass das Kind zu dem Zeitpunkt keinen stark ausgeprägten Infekt mit hohem Fieber (also deutlich über 38,5 °C) durchmacht, wodurch die Kontrolle der Impfviren durch den Körper erschwert sein könnte.

Dieses Impfprinzip mit starker Immunantwort funktioniert leider nicht bei allen Krankheiten. Oft sind solche geschwächten – der Fachmann sagt: attenuierten – Erreger nicht vorhanden, weil es den Impfstoffforschern (noch) nicht gelungen ist, sie zu entwickeln. Dann muss man auf Totimpfstoffe zurückgreifen. Dazu werden Bakterien oder Viren in der Regel durch Hitze oder den Zusatz bestimmter Substanzen getötet, ohne jedoch ihre Struktur zu zerstören. Denn darauf kommt es an: Die Antigene, die im Körper die gewünschte Immunreaktion auslösen, müssen noch intakt sein. Das kann auch funktionieren, wenn nur Teile der Erreger vorhanden sind. Der Sechsfachimpfstoff, den Kinder im ersten Lebensjahr erhalten, enthält sowohl inaktivierte Erreger (zum Beispiel Polio) als auch Teile oder einzelne Eiweißmoleküle von Erregern (zum Beispiel Hepatitis B oder Tetanus).

Allerdings ist die Immunreaktion auf solche Totimpfstoffe nicht so stark wie bei Lebendimpfstoffen. Es sind ja auch nicht so viele Erreger unterwegs, wenn sie sich nicht vermehren können. Damit ist allerdings auch die Immunisierung nicht so gründlich und nicht so lang andauernd. Um das auszugleichen, wendet man Verstärker an, Adjuvanzien, die wir im zweiten Kapitel bereits kennengelernt haben. Das sind Substanzen, die den Körper an der Einstichstelle der Impfspritze zusätzlich reizen. Zellen des Immunsystems wandern wegen dieser Reizung in das Gewebe um die Einstichstelle und kommen damit auch stärker mit den Antigenen des Totimpfstoffs in Berührung. Das verstärkt die Immunreaktion und steigert damit auch die Immunisierung.

Diese Verstärkersubstanzen – meistens handelt es sich heute um ein Aluminiumsalz – verstärken leider nicht nur die Immunreaktion des Körpers, sie verstärken auch die ablehnenden Reaktionen von Impfskeptikern und zweifelnden

Eltern. Dabei sind diese Adjuvanzien millionenfach erprobt – zumindest die, die in den Kinderimpfstoffen zum Einsatz kommen.

Warum gibt es nicht gegen jede Krankheit einen Impfstoff – tot oder lebendig? Weil die Erzeugung eines Impfstoffes häufig eine komplizierte Sache ist und manchmal leider gar nicht gelingt – oder zumindest bisher noch nicht gelungen ist.

Das liegt daran, dass manche Erreger sehr gut darin sind, das Immunsystem auszutricksen. Grippeviren beispielsweise verändern andauernd ihr Erscheinungsbild, sodass eine Immunisierung gegen den einen Virusstamm in der nächsten Saison nicht mehr viel nützt. Das Virus hat sich einen neuen Mantel übergeworfen, das heißt, es hat seine Oberflächenmoleküle so verändert, dass die Antikörper aus dem letzten Winter nicht mehr zuschnappen können. Deswegen impft man gegen Influenza jedes Jahr von Neuem. Es ist ein Glück, dass Coronaviren vergleichsweise stabil sind.

Ein zweites Beispiel: Seit Jahrzehnten sucht man nach einem geeigneten Impfstoff gegen A-Streptokokken, die beispielsweise Scharlach hervorrufen. Dabei sind diese Bakterien erstens sehr verbreitet, zweitens sehr gut erforscht und drittens jedes Jahr für Hunderte Millionen schwerer, oft tödlich verlaufender Erkrankungen verantwortlich (mehr dazu im fünften Kapitel). Trotzdem ist die Suche kompliziert. Das hat nicht nur damit zu tun, dass vor allem Kinder in armen Ländern von den Infektionen betroffen sind, sodass der wirtschaftliche Anreiz für die Impfstoffhersteller nicht sehr hoch ist. Es gibt oder gab auch immunologische Probleme. Beim Test möglicher Impfstoffe in den Sechzigerjahren stellte sich heraus, dass es möglicherweise durch Impfungen zu Fällen von Rheumatischem Fieber kam. Das ist normalerweise eine Folgekrankheit der Streptokokkeninfektion – also etwas, das die Impfungen gerade verhindern und nicht auslösen sollten. Offenbar gibt es gewisse Ähnlichkeiten der Zelloberflächen der Streptokokken und des menschlichen Herzmuskels, sodass sich das Immunsystem nicht nur gegen die Eindringlinge, sondern auch gegen das eigene Herz richtet. Der Impfstoff verhinderte zwar eine Streptokokkeninfektion, löste dann aber selbst die Autoimmunerkrankung aus. Totaler Mist. Oder wie die Fachwelt sagt: Die Nutzen-Risiko-Kalkulation fällt in diesem Fall eindeutig negativ aus. Möglicherweise sind die Schwierigkeiten, die es mit dem Schweinegrippeimpfstoff Pandemrix gab, ähnlicher Natur (darauf gehen wir im achten Kapitel noch einmal genauer ein).

Die Tests mit den A-Streptokokken-Impfstoffen an Menschen wurden jedenfalls für Jahrzehnte unterbrochen. Erst jetzt verlaufen die Tests neu entwickelter Impfstoffe so vielversprechend, dass demnächst mit der Zulassung eines Impfstoffes gegen A-Streptokokken gerechnet werden kann.

Und noch ein Beispiel: das Aidsvirus HI. Ein Impfstoff gegen HIV wäre wirklich ein Segen – gerade weil die medikamentöse Therapie der Erkrankung so teuer ist, dass praktisch nur Infizierte in wohlhabenden Ländern davon profitieren können. Es wird wirklich intensiv nach einem Impfstoff gesucht. Aber das HI-Virus ist enorm wandelbar, es greift das Immunsystem selbst an, versteckt sich gleichzeitig vor ihm (genau genommen versteckt es sich in ihm vor ihm) und hat eine Menge anderer Tricks auf Lager. Es gibt Impfstoffe, die in Erprobung sind, aber sowohl Wirksamkeit als auch Verträglichkeit wurden noch nicht hinreichend nachgewiesen (auch dazu mehr im sechsten Kapitel).

FÜNFTES KAPITEL,

in dem wir die wundervolle Lady Mary und den kleinen Jimmy Phipps kennenlernen, der vor mehr als 200 Jahren für den wissenschaftlichen Fortschritt missbraucht wurde. Und in dem wir erfahren, dass man in China womöglich schon vor 1000 Jahren zermahlenen Pockenschorf schnupfte.

Mit acht Jahren ist die kleine Mary Schönheitskönigin in London, später verschlingt sie eine ganze Bibliothek, bringt sich selbst Latein bei und tritt für die Rechte der Mädchen und Frauen ein. Dann, als ihr Vater sie mit einem reichen Lord verheiraten will, brennt sie durch und heiratet stattdessen den Mann, den sie liebt. Ein Dichterfürst verzehrt sich nach ihr, und die junge Lady verdreht noch anderen den Kopf. Sie schreibt selbst Gedichte, bereist Mitteleuropa und den Balkan, sie erforscht den Orient, durchsegelt das Mittelmeer, überquert die Alpen, ist in Skandale verwickelt, wird Opfer von Intrigen, verliebt sich leidenschaftlich in einen viel jüngeren, schwulen Italiener, brennt erneut durch, diesmal nach Venedig, lebt einsam in der Lombardei, züchtet Seidenraupen, wird um ihr halbes Vermögen gebracht – und besucht sogar Hannover … Lady Mary Wortley Montagu war wirklich eine bemerkenswerte Frau. Vor allem, wenn man sich klarmacht, dass das alles zu Beginn des 18. Jahrhunderts passierte. Zu einer Zeit, in der Mädchen eigentlich gar nichts durften, außer sich »zum nutzlosesten und wertlosesten Teil der Schöpfung zu machen«, wie sie es beschrieb.

Zwei Fragen springen uns sofort entgegen: Weshalb gibt es nicht längst einen mitreißenden, opulenten Hollywoodfilm über Lady Mary? Und zweitens: Was hat sie in diesem Buch zu suchen?

Mit der ersten Frage wenden Sie sich bitte an 20th Century Studios. Die Antwort auf die zweite ist dagegen ganz einfach: Lady Mary hat das Wissen über das Impfen aus dem Orient in den Westen gebracht – genauer gesagt: in ihre britische Heimat. Und letztlich löste sie damit die immunologische Forschung und die moderne Entwicklung des Impfens aus. Aber der Weg dahin war steinig. Ihn zu gehen brauchte es eine wahre Lady, die sich nicht so leicht erschüttern ließ und die Konflikten nicht aus dem Weg ging.

Mary Wortley Montagu geborene Pierrepont stammt aus gutem Hause. Im Frühling 1689 wird sie in der Grafschaft Nottinghamshire geboren. Ihr Vater Evelyn Pierrepont legt Wert auf die Feststellung, dass in seinen Adern normannisches Blut fließt. Jedenfalls ist er die Sorte Gentleman, die für Macht und Glamour etwas übrighat. Deswegen ist er, der spätere Erste Duke of Kingston-upon-Hull, Mitglied des einflussreichen Kit-Cat-Klubs. Und dieser Herrenzirkel wählt auf Pierreponts Vorschlag dessen achtjährige Tochter Mary zur Schönheit der Saison.

Mit 26 erkrankt Mary an den Pocken. Ihr jüngerer Bruder ist zwei Jahre zuvor daran gestorben. Sie überlebt gerade so, aber ihre Schönheit, »die ihr künftige Jahre des Glücks versprach«, ist verloren. »How am I chang'd! alas! how am I grown / A frightful spectre, to myself unknown!« Das schreibt sie in einer ihrer sogenannten Eklogen – »Wie hab ich mich verändert! Ach! Wie wurde ich zu einem Schreckgespenst, mir selber fremd!«

Man braucht nicht viel Einfühlungsvermögen, um sich vorzustellen, dass diese Krankheits- und Verlusterfahrungen für Lady Marys späteres Leben prägend sind. Schon ehe sie selbst erkrankt, fürchtet sie, die Pocken – auch Blattern genannt – könnten Mann und Kind befallen. Ein paar Jahre später aber macht sie eine elektrisierende Entdeckung. Sie begleitet ihren Mann nach Konstantinopel. Edward Wortley Montagu ist Botschafter der britischen Krone am osmanischen Hof. Und Mary erforscht die türkische und muslimische Kultur und Gesellschaft. Vor allem baut sie Vorurteile gegenüber der vermeintlich unterentwickelten muselmanischen Kultur ab. Sie entdeckt viel und hat vieles zu berichten, schreibt Briefe in die englische Heimat, die später veröffentlicht werden. Ihre Beobachtungen in der Türkei beeinflussen Kunst und Literatur. Und eben auch die Medizin.

Lady Mary erfährt, dass sich die Türken erfolgreich gegen Pockeninfektionen schützen, indem sie eine Impfung vornehmen. »Die Pocken, bei uns so verhängnisvoll und so verbreitet, sind hier vollkommen harmlos«, schreibt sie in einem Brief aus Konstantinopel an eine Freundin. »Durch die Erfindung des Impfens – wie sie es nennen.« Die Vokabel »Impfen«, englisch: *engrafting*, stammt eigentlich aus der Gärtnerei. Sie beschreibt die Technik des Pfropfens, die Übertragung von Zweigen oder Knospen von einer Pflanze auf die andere. »Eine Gruppe alter Frauen«, so schreibt Lady Mary, nimmt diese Operation vor. Sie übertragen kleine Mengen Pockenmaterials, das aus den Pusteln von Menschen gewonnen wird, die die Krankheit überstanden haben oder an einer milderen Variante der Blattern leiden. Später ist dann meistens von *Inokulieren* die Rede, noch später von *Variolation* (von *variola*, dem lateinischen Begriff für Pocken) – aber gemeint ist dasselbe.

Lady Mary beauftragt ihren Leibarzt, Charles Maitland, einen kräftigen jungen Menschen zu finden, der an »Pocken der besten Sorte« erkrankt ist – das heißt: der an einer harmloseren Form der Krankheit leidet. Von ihm wird das Material entnommen, mit dem Marys Sohn, der knapp fünfjährige Edward junior, geimpft werden soll. Maitland berichtet später über die Prozedur: Sie sei zunächst von einer alten Frau durchgeführt worden, die in Konstantinopel als Leiterin der Inokulierungen fungiere. Sie habe eine »stumpfe und rostige Nadel« verwendet und mit zitternder Hand Edwards Ärmchen aufgeritzt, um das Impfmaterial zu übertragen. Der britische Doktor behauptet, er habe daraufhin die Initiative übernommen, seine eigenen Instrumente benutzt und persönlich Edwards zweites Handgelenk sauber und schmerzlos inokuliert.

Man könnte aus damaliger Sicht sagen, Maitland entwindet die Technik des Impfens der orientalischen Quacksalberei und überführt sie in die fortschrittliche königlich-britische Medizin. Es ist nicht unwahrscheinlich, dass der Arzt durch seine Schilderung genau diesen Eindruck erzielen will. Möglicherweise übertreibt er seine eigene Rolle bei der Impfung aus diesem Grund sogar. Kann man wirklich annehmen, ein altes muslimisches Weib ist den Ärzten der englischen Krone medizinisch überlegen?

Sie ist es. Auch wenn sie natürlich weder von Viren noch von Immunantworten einen Schimmer hat. Zugleich ist die Inokulierung vom 18. März 1718 – gemessen an heutigen immunologischen, medizinischen und hygienischen Standards –

ein fürchterlich stümperhaftes und gefährliches Gemetzel. Und es schadet vermutlich nicht, dass die mutige Mary die Immunisierung ihres Sohnes mit Gebeten begleitet. Edward junior überlebt jedenfalls. Wie vorhergesagt erkrankt er nach einigen Tagen an einer milden Form der Pocken, die er schnell und narbenlos übersteht, und ist fortan immun.

Edward Wortley Montagu II. ist der erste Brite, der jemals geimpft wird. Er wird später ein ähnlich bunter Vogel wie seine Mutter. Schon als Schüler verschwindet er nach Portugal, wird Fischhändler, später Wissenschaftler, Falschspieler, Weltreisender, Wahrsager und Kartograf, spricht Hebräisch, Aramäisch, Arabisch und Farsi, hat wahrscheinlich einen Riesenknall – erkrankt aber nie an den Pocken.

Natürlich hat er Glück, die Impfung von Konstantinopel zu überleben und nicht versehentlich mit Syphilis oder Tuberkulose infiziert zu werden oder gleich an Blutvergiftung oder einer bakteriellen Infektion zu sterben. Die Erfolgsquote dieser Variolationen ist aus heutiger Sicht unverantwortlich gering. Es handelt sich, wie aus Wortley Montagus und Maitlands Schilderung schnell deutlich wird, um eine Impfung mit einem abgeschwächten Lebendimpfstoff, weil das Virusmaterial Menschen entnommen wurde, die an einer weniger aggressiven Form der Pocken leiden. Allerdings ist bei einem solchen Verfahren das Risiko hoch, dass sich die Pockenviren wieder in ihre ursprüngliche, tödliche Variante zurückverwandeln. Man muss annehmen, dass damals Impflinge starben und dass sogar Pockenepidemien durch diese Variolationen ausgelöst wurden.

Von Impfgegnern wird das heute natürlich ins Feld geführt. Das ist aber ungefähr so, als würde man zahnärztliche Behandlungen ablehnen, weil im Mittelalter Barbiere oder Hufschmiede Zähne zogen und dies zu schrecklichen Schmerzen und schlimmen Zahnfleischinfektionen führen konnte.

Wir beschäftigen uns in diesem Kapitel mit der Geschichte des Impfens, weil so klar wird, wie lange die Menschen schon daran herumforschen. Und wie lange sie sich um Verbesserung der Wirksamkeit und Sicherheit der Impfstoffe und Impfmethoden bemühen. Die Geschichte des Impfens ist – wie die Geschichte der Medizin insgesamt – unbestreitbar eine Geschichte vieler schrecklicher Fehl- und Rückschläge. Aber wir sind besser geworden, immer besser. Die Pocken, die Lady Mary und Millionen andere heimsuchten, sind dank systematischer Fortentwicklung des Impfens ausgerottet. Und viele andere Krankheiten haben ihren schlimmsten Schrecken verloren.

Dazu hat Mary Wortley Montagu durch ihre riskante Entscheidung beigetragen, das eigene Kind impfen zu lassen. Und schon in Konstantinopel verkündet sie, »sich alle Mühe zu geben, diese nützliche Erfindung in England einzuführen«. Sie ahnt, dass das nicht ohne Konflikte verlaufen wird. Schließlich müssten, so schreibt sie, die englischen Ärzte ohne die Pocken auf einen erheblichen Teil ihrer Einkünfte verzichten.

Einige Zeit nach ihrer Rückkehr in die Heimat wird England von einer verheerenden Pockenepidemie heimgesucht. In Lady Marys Umfeld kommt es zu vielen Todesfällen. Mary entschließt sich, mit Maitlands Hilfe auch ihre inzwischen geborene kleine Tochter impfen zu lassen. Maitland willigt nach einigem Zögern ein. Er befürchtet, die unheimliche orientalische Prozedur könne seine medizinische Reputation beschädigen. Doch schließlich wird das Mädchen inokuliert, diesmal vor wissenschaftlichen Zeugen – und abermals erfolgreich.

Doch nicht alle sind von der Wirksamkeit und Seriosität des Impfens überzeugt. Es entsteht eine öffentliche Kontroverse, an der Lady Mary nach Kräften teilnimmt. Ihre Biografin Isobel Grundy schreibt: »Sie verbrachte nach ihrer Rückkehr Jahre damit, die Inokulierung bekannt zu machen und führte dazu einen schonungslosen Medienkrieg.« Das Impfen und der erbitterte Streit darüber – sie gehören von Anfang an zusammen. Und schon damals mischen sich Politik, Nationalismus und Religion in eine eigentlich naturwissenschaftliche Debatte.

Lady Mary ist allerdings ziemlich erfolgreich mit ihrer Kampagne. Das Ganze ist wirklich eine Geschichte von mutigen und gebildeten Frauen. Kein Wunder, dass Lady Mary heute als eine der frühen Heldinnen der Frauenbewegung gilt. Sie ist, wie ihre Biografin schreibt, »ein leuchtender Stern der Aufklärung«. Mary bewegt die künftige Königin, Caroline Prinzessin von Wales, dazu, 1721 ihre Kinder impfen zu lassen. Allerdings wird die Technik zunächst an sechs verurteilten Kriminellen erprobt, denen (nach erfolgreicher Inokulation) die Freiheit geschenkt wird. Ebenso viele Waisenkinder müssen als Testpersonen herhalten. Das allerdings würde sich mit heutigen ethischen Standards sicher nicht vereinbaren lassen.

Woher aber hatten die alten Weiber von Konstantinopel ihr Wissen? So ganz genau lässt sich das nicht rekonstruieren. Fest steht: Die Kenntnis um diese frühe Form der Pockenschutzimpfung ist Ende des 17. Jahrhunderts in Asien und in Afrika ziemlich verbreitet. Als die Kunde von Lady Marys

Inokulierungen die amerikanischen Kolonien, genauer gesagt Boston, erreicht, hat dort bereits der Sklave Onesimus seinem Herrn, dem puritanischen Geistlichen Cotton Mather berichtet, dass er als Kind gegen Pocken geimpft wurde: »People take Juice of Small-Pox; and Cutty-skin, and Putt in a Drop.« Ein bisschen Pockensaft, ein kleiner Schnitt, ein Tröpfchen rein … So einfach.

Als in Boston 1721 eine wirklich schlimme Pockenepidemie ausbricht, propagiert Mather die Inokulierungen auch dort. Onesimus, den man dort heute als einen der »besten Bostonians aller Zeiten« betrachtet, stammte wahrscheinlich aus Westafrika – genau weiß man das leider nicht. Bekannt ist aber, dass nicht nur Onesimus geimpft war, sondern viele seiner verschleppten Schicksalsgenossen, die mit den Sklavenschiffen aus dieser Region kamen. Die Sklavenhändler wussten übrigens Bescheid. Sie erzielten für Menschen, die an ihren Armen die typischen Impfnarben trugen, höhere Preise.

Es ist nicht unwahrscheinlich, dass die Technik des Inokulierens mehrfach unabhängig voneinander erfunden wird. Vermutlich beginnt alles mit der Beobachtung, dass Menschen, die die Pocken überlebt haben, kein zweites Mal an der Seuche erkranken. In Diderots *Encyclopédie* von 1765, dem epochemachenden Werk der Aufklärung, heißt es, das Impfen sei vielleicht von den Arabern erfunden worden. Es bestehe jedenfalls »seit undenklichen Zeiten in den Nachbarländern des Kaspischen Meeres und vor allem in Tscherkessien, woher die Türken und Perser ihre schönsten Sklavinnen beziehen«. Ob's stimmt? Man weiß es nicht (aber eine Geschichte, in der schöne Tscherkessinnen eine zentrale Rolle spielen, kann man einfach nicht weglassen).

In der *Encyclopédie* wird weiter gemutmaßt, es sei wahrscheinlich, dass das Impfen schon »mehr als 200 Jahre« (also seit Ende des 16. Jahrhunderts) in Griechenland und Dalmatien praktiziert werde. Afrika findet Erwähnung, besonders die maghrebinische Küste, der Senegal, das Innere des Kontinents. Aber seit wann dort geimpft wird, lasse sich nicht datieren. Das Gleiche gelte für Asien, verschiedene Teile Indiens, insbesondere Bengalen. In China schließlich habe die Inokulation »eine bestimmte Form« erhalten.

Das war der Stand der Impfgeschichtsschreibung Mitte des 18. Jahrhunderts. Viel schlauer ist man seitdem nicht geworden. Heute sieht man die Ursprünge des Impfens in Pockenvariolationen in China oder Indien. Es ist immer wieder zu lesen, dass in China bereits im zehnten Jahrhundert Variolationen durchgeführt worden seien. Manchmal wird der Ursprung der Impfmethode sogar noch 2000 Jahre vorverlegt. Aber dafür gibt es offenbar keine wirklich belastbaren Quellen.

Zhang Lu, ein zu seiner Zeit berühmter Arzt, berichtet 1695 über Variolationen. Diese Technik sei uns von einem »unsterblichen Taoisten« aus der Jingxi-Provinz am Südufer des Jangtse geschenkt worden. Damals tauchte man entweder ein bisschen Baumwolle in Pockeneiter, ersatzweise etwas trockene Hautschuppen von einer Blatternpustel, und steckte dieses Wattebäuschchen einem Kind in die Nase. Puh, das ist wirklich eine appetitliche Methode! Es geht aber auch noch schöner: Ein wenig zermahlener Pockenschorf wurde mit einem Silberröhrchen in die Nase des Impflings geblasen. Diese Technik hatte den Vorteil, dass auch entfernte Gegenden von den Impfärzten erreicht werden konnten, weil das Impfmaterial trocken und deswegen leicht zu transportieren war. Eine weitere Methode bestand darin, Kindern einfach die Kleider von anderen, infizierten Kindern anzuziehen (im Zusammenhang mit den Covid-19 Infektionen gab es die Mutmaßung, das Tragen von Mund-Nase-Masken könne auf ähnliche Weise zur Immunisierung beitragen). In der Regel, oder sagen wir im günstigsten Fall, führten alle diese Maßnahmen zu einer milden Infektion, wie sie auch Lady Marys Kinder durchmachten – mit anschließender Immunisierung.

Ein kleiner Einschub zum Thema chinesische Medizin: Von Impfgegnern wird häufig angeführt, Impfen sei unnatürlich. Es hindere Kinder daran, die wichtige Erfahrung einer Krankheit zu machen (wir beschäftigen uns mit diesem zweifelhaften Argument noch im siebten Kapitel). Außerdem werde das Immunsystem nicht »geschult«, wenn es nur den Impfstoffen, nicht aber den Erregern ausgesetzt wird. Jedenfalls gibt es zum Teil erhebliche Vorbehalte von Naturheilkundlern gegen das Impfen. Wie geht die traditionelle chinesische Medizin – oft zärtlich TCM genannt – mit dieser Frage um? Schließlich mussten sich chinesische Ärzte ja möglicherweise schon vor 1000 Jahren mit der Frage beschäftigen, wie sie's mit dem Impfen halten.

Es gibt – vor allem in der westlichen Welt – viele TCM-Ärzte (oder Heilpraktiker), die Impfungen ablehnen. Und man kann sicher annehmen, dass es auch unter den Verfechtern der TCM engagierte Kontroversen zum Thema gibt. Es wäre aber ein schwer auflösbarer Widerspruch, wenn ausgerechnet die mutmaßlichen Erfinder des Impfens das Impfen grundsätzlich für falsch hielten. Tatsächlich betrachten Vertreter der TCM Impfungen als mögliche Störung des Qi-Flusses, weil »heiße Toxine« in den Körper eingebracht werden. Das heißt aber nicht automatisch, dass Impfungen nicht erlaubt wären. Man muss den Körper nach Ansicht von TCMlern allerdings auf diese Störung vorbereiten – mit bestimmten Kräutern, durch Akupunktur oder beides. Eine Impfung beginnt in der TCM daher schon einige Wochen vor der eigentlichen Gabe des Impfstoffes. Und der Impfprozess endet nicht mit dem Piks, sondern wird dann noch nachbetreut, um die »Hitze« des Impfstoffes aus dem Körper »auszuleiten«.

Es gibt TCM-Vertreter, die dafür plädieren, den Impfkalender etwas zu strecken – später anfangen, keine oder weniger Mehrfachimpfungen. Der Impfkalender in der Volksrepublik China sieht allerdings die erste Impfung (gegen Hepatitis B) bereits unmittelbar nach der Geburt vor.

Wahrscheinlich würde es die Impfdebatte insgesamt etwas entkrampfen, wenn mancher Skeptiker Impfen als Teil der TCM betrachtete. Und auch aus »schulmedizinischer« Sicht spricht nichts dagegen, Kindern etwas mehr Aufmerksamkeit zu schenken – rund um eine Impfung und auch sonst.

Zurück in die Geschichte – immer noch China: Man weiß, dass Kangxi, der zweite Kaiser der Qing-Dynastie, 1681 sich, seine Familie und anschließend seine Soldaten in der Mandschurei und in der Mongolei impfen ließ. Man muss dazu wissen, dass die mandschurischen Truppen zum Teil höhere Verluste durch die Pocken als durch Gefechte erlitten hatten. Damit sind wir bei der militärischen Bedeutung der Impfungen, die von den Feldherren der Geschichte natürlich schnell erkannt wurde. Gesunde Truppen kämpfen besser. Diese Erkenntnis hat in der Vergangenheit allerdings dazu geführt, dass Soldaten immer wieder sehr fragwürdigen medizinischen Versuchen unterzogen wurden. Hollywood hat daraus ein eigenes Grusel-Mystery-Thriller-Genre entwickelt.

In Deutschland gibt es heute nur für die Angehörigen der Bundeswehr eine gesetzliche Impfpflicht – mal abgesehen von dem indirekten Zwang zur Masernimpfung von Schülern, Lehrern und medizinischem Personal. Bundeswehrsoldaten müssen nach dem Soldatengesetz Eingriffe in ihre körperliche Unversehrtheit »dulden, wenn es sich um Maßnahmen handelt, die der Verhütung oder Bekämpfung übertragbarer Krankheiten oder der Feststellung der Dienst- oder Verwendungsfähigkeit dienen«.

Aber noch mal zurück ins 18. Jahrhundert, als in Westeuropa die Impfforschung begann: Die Herausforderung bestand damals darin, eine Impfmethode zu entwickeln, die die Risiken der Inokulierung verringerte. Es kam zu häufig vor, dass durch die Impfung eine ernste Pockenerkrankung erst ausgelöst wurde oder dass ein Impfling seinerseits bei Dritten Pocken verursachte. Das bringt uns zu einem Arzt in der englischen Grafschaft Gloucestershire. Keine Geschichte des Impfens ohne Edward Jenner! Und keine Edward-Jenner-Geschichte ohne James Phipps! Und keine Jenner-Phipps-Geschichte ohne Sarah Nelmes – und natürlich Blossom!

Eigentlich beginnt die Geschichte des modernen Impfens mit Blossom, einen Gloucester-Rind. Aber irgendwie wird Blossoms Beitrag in der Regel nicht richtig gewürdigt. Die dunkelbraune Milchkuh teilt dieses Schicksal allerdings mit Benjamin Jesty, einem stolzen Farmer aus Dorsetshire, Peter Plett, einem unglücklichen Lehrer aus Schleswig-Holstein, und einer Reihe weiterer Frauen und Männer. Sie allesamt hatten bereits Pockenimpfungen vorgenommen, indem sie zwischen 1774 und 1791 Frauen und Kinder mit Kuhpocken infizierten. Und das war auf dem Weg zu sicheren Impfstoffen der entscheidende Fortschritt gegenüber den Inokulationen Lady Marys. Edward Jenner, der Arzt aus Berkeley in Gloucestershire, war dagegen verhältnismäßig spät auf den Trichter gekommen, dass eine vergleichsweise harmlose Kuhpockeninfektion gegen die echten Pocken schützt. Aber er publizierte als Erster erfolgreich darüber und gilt deswegen bis heute als der eigentliche Pionier der Pockenschutzimpfung.

Wie gesagt, die Sache beginnt mit Blossom. Das arme Tier hat die Kuhpocken, und die Milchmagd Sarah Nelmes steckt sich beim Melken an. Nachdem sich an ihrer Hand Pockenpusteln bilden, sucht sie einen Arzt auf, und Dr. Jenner erkennt seine Chance. Er weiß von den Bauern, dass Milchmägde nicht an Pocken erkranken, und er nimmt zu Recht an, dass der Kontakt mit Kuhpocken für die Immunisierung sorgt. Jenner hat ohne Zweifel ein Auge für die Prozesse und Zusammenhänge in der Natur. Er hat bereits in einer bahnbrechenden Arbeit erstmals beschrieben, dass Kuckuckseier Nistvögeln untergeschoben werden und die Jungvögel nach dem Schlüpfen die anderen Eier oder Küken aus dem Nest schmeißen. Jenner ist einer von diesen Typen, die sich für alles begeistern können. Er experimentiert zum Beispiel auch mit wasserstoffgefüllten Ballons, an die er Gedichte hängt und über Mittelenglands liebliche Landschaft schweben lässt. Aber bleiben wir bei den Pocken.

Jenner entnimmt also am 14. Mai 1796 Sarah Nelmes' Melkerinnenhand ein wenig Pustelgeschmier. Nun braucht er nur noch jemanden, auf den er Sarahs Kuhpocken übertragen kann. Seine Wahl fällt auf James Phipps, den achtjährigen

Sohn seines Gärtners. Jenner macht zwei kleine Schnitte in Jimmys Arm und überträgt dabei Blossoms beziehungsweise Sarahs Kuhpocken. Der Junge fühlt sich ein paar Tage später unwohl (»Unbehagen in der Achselhöhle, ein wenig Frieren, Appetitlosigkeit, leichter Kopfschmerz«), erholt sich aber schnell. Sechs Wochen später nimmt Jenner eine Inokulierung mit echten Pocken vor – ähnlich wie zu Lady Marys Zeiten. Nur zeigt James Phipps hier keine Reaktion. Für Jenner ist das der Beweis, dass die Kuhpockenimpfung vor einer Pockeninfektion schützt.

Überflüssig zu sagen, dass auch der Impfversuch an Phipps junior heutigen Maßstäben an klinische Tests nicht genügen würde. Man würde Jenner achtkantig aus der Ärzteschaft schmeißen, darüber hinaus würde er für diesen Pockenhumanversuch mit ungewisser Prognose der fahrlässigen Körperverletzung angeklagt. Es ist auch kaum anzunehmen, dass er Jimmys Vater über die Risiken aufgeklärt hat – zumal er sie wahrscheinlich selbst kaum einschätzen konnte. Eine Ethikkommission würde heute niemals zulassen, dass der Arzt den Jungen nach der waghalsigen Wildtypimpfung auch noch den Pocken aussetzte. Eine Maßnahme, die Jenner »mit großer Sorge erfüllte«, wie sein Biograf John Baron voller Mitgefühl – für den Doktor, nicht das Kind – schreibt.

James Phipps überlebt nicht nur diese Inokulierung (und alle folgenden, die Jenner an ihm durchführte, um die Wirksamkeit der Impfung zu beweisen), er überlebt auch den Arzt – auch wenn von Impfgegnern immer wieder die Legende verbreitet wird, Phipps sei an den Folgen der Impfung jämmerlich zugrunde gegangen. Tatsächlich leidet er an Tuberkulose, von der er sich aber Jenners Biograf zufolge erholt. Phipps stirbt 65-jährig in dem Häuschen, das ihm

Jenner überschrieben und dessen Garten der Doktor angeblich höchstpersönlich mit Rosen aus eigener Zucht bepflanzt hat.

Phipps überlebt in seinem Rosengarten, Blossom lebt »friedlich bis zum Ende ihrer Tage in Bradstone, einer Farm in der Nähe von Berkeley«. Ihr Fell kann man heute in der medizinischen Hochschule St George's, University of London, besichtigen. Impfen wird bis heute im englischen Sprachraum *vaccination* genannt – von *vacca*, lateinisch für die Kuh (es könnte also eigentlich auch *blossomation* heißen). Über Sarah Nelmes' weiteres Schicksal ist nichts bekannt. Jenner erhält später 30.000 Pfund von der britischen Krone, in den Kensington Gardens in London steht eine hübsche Statue zu seinen Ehren, das Oxforder Institut, in dem nun der Covid-Impfstoff von AstraZeneca entwickelt wurde, trägt seinen Namen. Und die Pocken sind seit 1980 ausgestorben.

Aber es gibt beziehungsweise gab ja nicht nur die Pocken. Interessanterweise kommt nach Jenners bahnbrechendem Erfolg mit der Vaccination erst mal eine ganze Weile gar nichts. 83 Jahre lang bleibt Jenners Kuhpockenserum der einzige Impfstoff. Dann – mit Louis Pasteur und Robert Koch – nimmt die Sache wieder Fahrt auf.

Bis zu diesen Pionieren der Mikrobiologie waren sich die Menschen nicht darüber im Klaren, wie Krankheiten eigentlich entstehen. Zwar hatte man schon mitbekommen, dass sich Infektionen von einem Menschen auf den anderen (oder im Fall von Blossom und Sarah Nelmes von Tier auf Mensch) übertragen lassen. Auch war die Quarantäne schon erfunden. Dass aber winzig kleine Lebewesen Erreger von Krankheiten sind, war nicht bekannt. Irgendwann hatte man zwar Mikroorganismen entdeckt und auch begriffen, dass sie sich übertragen lassen, aber immer noch glaubte man, diese kleinen Dinger würden in toter Materie durch »Urzeugung« entstehen.

Pasteur räumt mit diesem Glauben auf. Mitte des 19. Jahrhunderts weist er nach, dass »Keime« aus der Luft nötig sind, um Schimmelbildung oder Gärung in Nährflüssigkeiten auszulösen, die zuvor steril gewesen sind. Umgekehrt lassen sich Lebensmittel durch Erhitzen – Sterilisieren oder »Pasteurisieren« – haltbar machen. Koch hingegen fängt an, Krankheitserreger zu identifizieren und zu isolieren. Deutsch-französische Klischees bestätigend, hält der später zwanghaft reinliche Koch Bakterien für grundsätzlich feindlich, während Pasteur schnell begreift, dass es ohne Mikroorganismen weder Wein noch Käse oder Brot geben würde. Jedenfalls ist das Wissen um das Wesen von Infektionen durch Mikroorganismen eine wesentliche Voraussetzung, Jenners Idee der Impfung weiterzuentwickeln.

Jenners Vaccination beruht auf dem glücklichen Umstand, dass die Infektion durch einen verhältnismäßig harmlosen Erreger – den der Kuhpocken – vor der lebensgefährlichen Erkrankung durch ein anderes Virus – das der Pocken – schützt. *Orthopoxvirus vaccinia* ist *Orthopoxvirus variola* so ähnlich, dass das menschliche Immunsystem nach einem Kuhpockenkontakt auch die Pocken bekämpfen kann.

Bei der Variolation, die die alten Weiber von Konstantinopel praktizierten, wurde hingegen ein abgeschwächter Erreger eingesetzt. In den Pusteln der Erkrankten, denen die Frauen ihren Impfstoff entnahmen, befanden sich Viren, die zwar noch vermehrungsfähig waren, aber nicht mehr (oder nicht mehr so stark) krank machten. Und dieses Prinzip macht sich auch Pasteur zunutze. Es ist nicht ganz klar, ob Pasteur und seine Mitarbeiter gezielt nach Wegen suchen, Erreger abzuschwächen, oder ob dies einer eher zufälligen Entdeckung zu verdanken ist. Die Legende sagt, man habe mit Zellkulturen gearbeitet, die man zu lange hatte stehen lassen, um dann festzustellen, dass sie sich als Impfstoff eignen.

Jedenfalls ist der erste abgeschwächte, also »attenuierte« Impfstoff aus Pasteurs Labor einer gegen Geflügelcholera. Anschließend wendet sich Pasteurs Arbeitsgruppe dem Milzbrand zu, einer Krankheit, die insbesondere bei Viehzüchtern gefürchtet ist. Hier werden die Milzbrandbazillen mit einer Chemikalie behandelt und verlieren so ihren Schrecken, aber nicht ihre immunisierende Wirkung. Es kann sein, dass Pasteur diese Idee seinem Konkurrenten Henry Toussaint geklaut hat – aber auch das ist umstritten. In Frankreich ist Pasteur bis heute eine Art Nationalheiliger. Seine wissenschaftliche Integrität infrage zu stellen ist so, als würde man den Deutschen erklären, Goethe habe abgeschrieben.

Unbestritten ist allerdings, dass Pasteur mit der öffentlichen Demonstration einer Milzbrandimpfung einen Coup landet. Es wird im Juni 1881 international darüber berichtet, was der damals schon berühmte Wissenschaftler in Pouilly-le-Fort nahe Paris auf dem Hof eines Tierarztes veranstaltet. Er lässt 25 Schafen (vielleicht waren auch ein paar Ziegen darunter) seinen neu entwickelten Milzbrandimpfstoff injizieren, 25 weitere Tiere bleiben unbehandelt. Später infiziert er alle 50 mit Milzbrand. Von den Geimpften bleiben 24 gesund, von den Ungeimpften sind zwei Tage nach der Infektion schon 23 tot.

Danach geht es relativ schnell. In den nächsten Jahren werden die (nach Jenner) ersten Impfstoffe für Menschen entwickelt. Der Spanier Jaume Ferran i Clua impft 1885 Zehntausende Bürger in der Region Valencia während einer Epidemie gegen Cholera. Ob das wirklich funktioniert hat, ist fraglich. Aber der Drang, etwas gegen die Cholera unternehmen zu können, ist groß. Seit 1830 gibt es in Europa verheerende Epidemien. Von Südostasien aus hatte sich die Seuche ausgebreitet und kam immer näher, traf Mekka, Jeddah, Alexandria, Moskau, Odessa, Königsberg, Danzig, Berlin. In Preußen gibt es 1848/49 über 85.000 Cholerafälle. 1866 erkranken in Wien und Niederösterreich um die 23.000 Menschen, 8000 sterben. In den Kriegen dieser Jahre sterben mehr Soldaten an der Cholera als an Kampfhandlungen. 1866 erkranken in Wien und Niederösterreich um die 23.000 Menschen, 8000 sterben. Ein Jahr später erwischt es 771 Zürcher, 499 Todesopfer. Und 1892 leiden 17.000 Hamburger an der Cholera, 8605 gehen daran zugrunde.

Seit 1896 gibt es eine wirksame Choleraimpfung. Wilhelm Kolle aus Robert Kochs Arbeitsgruppe killt Cholerabakterien mit Hitze. Die verbliebenen Bestandteile sind daraufhin ungefährlich, lösen aber beim Impfling die gewünschte Immunreaktion aus. Nach diesem Prinzip – allerdings modifiziert – werden auch heute noch Impfstoffe gegen Cholera hergestellt. Man spricht von Totimpfstoffen.

Viele der Schüler und Mitarbeiter Robert Kochs waren sehr erfolgreich und wurden mit Orden dekoriert. So ziemlich nach allen sind heute Institute benannt, und auch Preise und Medaillen tragen ihre Namen: Paul Ehrlich, Paul Frosch, Friedrich Loeffler, Bernhard Nocht und andere.

Die Koch-Leute Emil von Behring und Shibasaburo Kitasato (ein japanischer Bakteriologe, der 1885 zu Koch nach Berlin gekommen war) entwickeln bis 1890 zusammen

Antitoxine gegen Wundstarrkrampf (Tetanus) und Diphtherie. Sie isolieren aus dem Blut infizierter Tiere Antikörper, die Erkrankten gespritzt werden und deren Immunsystem den Weg zur Bekämpfung der Erreger weisen. Man nennt das passive Immunisierung, und man hat damit auch in der Covid-Therapie experimentiert. Das Diphtherie-Antitoxin wird heute noch verwendet. Von Behring erhält 1901 den ersten Nobelpreis für Medizin.

Robert Koch selbst tut sich vor allem auf dem Gebiet der Bakteriologie hervor. Er entdeckt nach mühevoller Suche das *Mycobacterium tuberculosis*, den Erreger der Tuberkulose, klärt den Lebenszyklus des Milzbranderregers auf, stellt wichtige epidemiologische Untersuchungen an und entwickelt zahlreiche mikrobiologische Techniken. Sein eigener Versuch der Entwicklung eines Heilmittels gegen Tuberkulose geht dagegen leider schief. Sein Tuberkulin besteht zwar aus Proteinen von Tuberkelbazillen, wirkt aber weder als Heilmittel noch als Impfstoff. Es eignet sich nur für Tuberkulosetests. Koch erhält später trotzdem den Medizinnobelpreis. Er ist fraglos ein zentraler Wegbereiter der Impfmedizin und der Hygiene.

Ein paar Worte zur Hygiene: Mit den mikrobiologischen Erkenntnissen von Koch und Pasteur entwickelt sich auch die Hygiene, die Lehre von der Verhütung von Krankheiten und der Erhaltung, Förderung und Festigung der Gesundheit. Hygiene heißt nicht nur Händewaschen, nachdem man auf dem Klo war. Hygiene ist eine eigene Wissenschaft, ein eigenes Fachgebiet der Medizin – nicht nur historisch, sondern ganz aktuell. Schließlich kämpft man heute in Kliniken gegen die gefürchteten Krankenhauskeime, die dazu führen, dass Patienten an schweren, oft sogar tödlichen Infektionen leiden, die sie sich erst im Krankenhaus zugezogen haben.

Dieser Kampf beginnt schon mit dem ungarischen Arzt Ignaz Semmelweis, der 1848 nachweisen kann, dass die Ärzte im Allgemeinen Krankenhaus in Wien ihre Patientinnen in der geburtshilflichen Klinik mit Kindbettfieber infizieren. Fast 20 Prozent der Frauen, die dort entbinden, sterben an dieser Infektion. Die Ärzte und Studenten in dieser Klinik führen auch Leichensektionen durch. Auf der benachbarten Abteilung, in der Hebammen ausgebildet werden, die nicht an Leichen arbeiten, liegt die Todesrate viel niedriger. Heute erscheint uns die Erklärung für dieses Phänomen lächerlich simpel. Die Ärzte waschen sich nicht anständig die Hände, wenn sie von den Leichen zu den jungen Müttern wechseln, und übertragen Erreger, für die die Frauen unmittelbar nach der Entbindung sehr empfindlich sind. Die Gebärmutter und in der Folge weitere innere Organe entzünden sich. Die Frauen sterben in der Folge an einer Sepsis.

»Die unbekannte Ursache, welche so entsetzliche Verheerungen anrichtete, war demnach in den an der Hand klebenden Cadavertheilen der Untersuchenden an der ersten Gebärklinik gefunden.« Als Semmelweis das erkennt, fallen ihm die Kollegen keineswegs erleichtert um den Hals. Man wirft ihm vielmehr Nestbeschmutzung vor – ein Begriff, der im Zusammenhang mit Müttern, die im Wochenbett sterben, besonders bitter aufstößt. Man könnte heute noch verzweifeln, wie lange die Mediziner auf dem Schlauch standen und einfach nicht anzuerkennen bereit waren, dass der Zusammenhang zwischen mangelnder Hygiene und den Todesraten in den Kliniken vollkommen eindeutig war.

Semmelweis selbst wird darüber unglücklich. Er fängt an, seine ignoranten Kollegen als Mörder zu bezeichnen. Er trinkt wohl auch, vielleicht leidet er an Syphilis. Schließlich wird er – wohl gegen seinen Willen – in eine Irrenanstalt eingewiesen und stirbt dort, erst 47 Jahre alt, unter unklaren Umständen.

Das Kindbettfieber hat man in den Griff bekommen – einfach dadurch, dass man beginnt, sich die Hände sorgfältig zu desinfizieren. Noch unter Semmelweis' Leitung ging die Quote der Sterbefälle in der Gebärklinik auf 1,3 Prozent zurück.

Man brauchte dazu keine Impfung. Von Impfgegnern wird daher oft behauptet, Krankheiten seien nicht wegen der aus ihrer Sicht gefährlichen, aber wirkungslosen Impfungen zurückgegangen (oder – wie im Fall der Pocken – verschwunden), sondern wegen der besseren hygienischen und sonstigen Lebensbedingungen.

Da ist was dran. Es ist richtig, dass die Hygiene einen entscheidenden Beitrag geleistet hat. Es hängt aber stark von der Krankheit ab, deren Ausbreitung man verhindern will. Die heute viel bessere Trinkwasserqualität und die kontrollierte Ableitung des Abwassers sind die entscheidenden Gründe, weshalb es in unseren Städten keine Cholera mehr gibt. Nach den großen Epidemien, von denen schon die Rede war, begannen die Städte mit Planung und Bau der Kanalisationen. Um die Choleragefahr zu kontrollieren, brauchte man in Hamburg, London, Berlin oder Wien keine Impfungen, sondern – wie 1867 in Zürich – eine »Abfuhrwesen- und Kloakenreform«.

Aber das ist nicht immer so. Man kann sicher sein, dass sich die Menschen in Städten, die von der Kinderlähmung heimgesucht wurden, wirklich oft die Hände gewaschen haben. Während der großen Polioepidemien in den Fünfzigerjahren hat man desinfiziert und abgekocht, Ratten vergiftet und Insekten vernichtet – die Krankheit hat man damit aber nicht in den Griff bekommen, sondern erst durchs Impfen. Und so ist es beispielsweise auch mit den Masern oder den Röteln.

Ende des 19. und in der ersten Hälfte des 20. Jahrhunderts werden eine ganze Reihe Impfstoffe entwickelt – gegen Tollwut, Typhus, Pest, Tuberkulose, Gelbfieber, Keuchhusten, Grippe und ein paar Erreger mehr. Nicht alle sind gleichermaßen erfolgreich. Bei Typhus fehlt bis heute ein Impfstoff, der wirklich zufriedenstellt. Der gegen Tuberkulose wird wegen mangelnder Wirksamkeit nicht mehr verwendet. Und die jährlich neu zusammengesetzten Grippeimpfstoffe sind auch nicht in jedem Jahr gleich nützlich.

Anfang des 20. Jahrhunderts gelingt auch die Entdeckung sogenannter Toxoidimpfstoffe. Die krank machenden Gifte, beispielsweise des Tetanus- oder des Diphtherieerregers, werden durch unterschiedliche Verfahren unschädlich gemacht und lösen dann die Bildung von Antikörpern aus. Die Toxoidforscher experimentieren damals übrigens mit verschiedenen Mitteln, um die Immunreaktion zu verstärken. Heute macht man das bei Toxoid- und anderen Totimpfstoffen in der Regel mit den bei Impfgegnern verschrienen Aluminiumverbindungen, 1925 setzt man – mit einigem Erfolg – unter anderem Brotkrumen oder Tapioka ein, die Stärke aus den Wurzeln der Maniokpflanze.

Wir überspringen einige Jahrzehnte und wenden uns John Franklin Enders zu, einem Fluglehrer im Ersten Weltkrieg, Wettkampfruderer, Grundstücksmakler, Sportfischer, Millionenerbe, Literaturwissenschaftler und Fachmann für keltische und germanische Sprachen. 1954 gewinnt er den Nobelpreis für Medizin und gilt als »Vater der modernen Impfung«.

Na ja, Enders studiert natürlich zwischendurch auch Bakteriologie und Immunologie, aber er kommt relativ spät zur Naturwissenschaft. In Englischer Literatur und Teutonischen Sprachen ist er schon ziemlich weit gekommen. Flugzeuge besteigt er nur noch sehr zögerlich, weil er glaubt, er habe sein Luftglück als Air-Force-Ausbilder verbraucht. Er ist aber ein großer Wissenschaftler und – wenn man seinen Zeitgenossen glauben darf – ein sehr netter und vor allem kollegialer Kerl (mit einem kleinen Huttick). Es heißt, niemand seiner Besucher aus der Wissenschaft habe Enders' Labor je verlassen ohne ein Päckchen mit Zellkulturen, Viren oder Nährlösungen unterm Arm. Seine Mumps-Virus-Linien aus den Vierzigerjahren werden heute noch verwendet.

Enders widersetzt sich dem Glauben der damaligen Wissenschaft, das Poliovirus, der Erreger der Kinderlähmung, wachse nur in Nervengewebe. Er und seine Leute experimentieren mit unterschiedlichen Zellkulturen. Und um 1950 gelingt es ihm, in rotierenden Flaschen in großem Maßstab Polioviren zu züchten. Enders setzt sich zur Feier dieses Durchbruchs einen seiner besonderen Hüte für besondere Gelegenheiten auf und spaziert damit durch sein Institut. Er bekommt später zusammen mit zwei 20 Jahre jüngeren Mitarbeitern den Nobelpreis für seine Methode zur Poliovirusvermehrung.

Enders hat zwar keinen Impfstoff gefunden (das gelang ihm dafür später bei Masern), aber eine wesentliche Voraussetzung für die Impfstoffentwicklung geschaffen. Plötzlich kann man mit praktisch unbegrenzten Mengen von Viren arbeiten. Und so dauert es nicht mehr lange, bis ein Polioimpfstoff gefunden ist.

Am 26. März 1953 verkündet Jonas Salk in einer US-weit ausgestrahlten Radiosendung, er habe einen wirksamen Impfstoff gegen Kinderlähmung entwickelt und getestet.

Die Resonanz darauf ist ungeheuer. Salk, ein Mediziner und Immunologe an der Universität Pittsburgh, Sohn eines Damenschneiders aus New York, wird als Held gefeiert.

Man muss sich kurz vor Augen führen, welchen Schrecken Polio damals verbreitet. 1952 erkranken in den USA während der schlimmsten Epidemie der amerikanischen Geschichte fast 58.000 Menschen an Kinderlähmung. 3145 sterben, über 20.000 leiden an Lähmungen. Salk scheint das Land und die Welt von einer Geißel zu befreien. Und tatsächlich gibt es schon zehn Jahre später nur noch einige Hundert Neuinfektionen.

Das ist allerdings nicht allein Salks Verdienst. Um die Entwicklung eines Polioimpfstoffes hat sich vor allem unter amerikanischen Wissenschaftlern ein Wettkampf entwickelt. Die US-Regierung stellt – ähnlich wie jüngst bei der Covid-Impfstoffentwicklung – erhebliche Fördermittel bereit. Und beispielsweise Salk hat wohl nicht zuletzt wegen dieser finanziellen Anreize von anderen Krankheiten auf Kinderlähmung umgesattelt.

Im März 1951 gibt es in Hershey (ja, das ist die Stadt, aus der die in den USA sehr beliebten Hershey's Schokoladenriegel kommen) einen Runden Tisch zur Immunisierung gegen Poliomyelitis. So ziemlich alles, was Rang und Namen hat in der Immunologenszene der USA, versammelt sich in dem kleinen Städtchen im südlichen Pennsylvania. Man darf annehmen, dass nicht jedes Detail, das die einzelnen

Arbeitsgruppen zu diesem Zeitpunkt über Kinderlähmung und mögliche Impfstoffentwicklungen herausbekommen haben, dort auch offen ausgesprochen wird. Denn die Konkurrenz ist groß.

Hilary Koprowski, ein vollendeter Pianist mit einem Abschluss der Accademia Nazionale di Santa Cecilia in Rom, tritt in Hershey nach der Mittagspause »in einer Atmosphäre postprandialer Müdigkeit« auf – nicht am Klavier, sondern als namhafter Immunologe, der er ebenfalls ist. Er berichtet über seine Impfexperimente, denn Koprowski ist auf dem Weg zu einem oralen Lebendimpfstoff schon ziemlich weit – wahrscheinlich am weitesten von allen. Die Kollegen stellen nach dem Vortrag kaum Fragen, aber es ist wahrscheinlich, dass Koprowski trotz voller Mägen aufmerksam zugehört wird. Später äußert der eine oder andere Kritik an den präsentierten Ideen und zeigt sich befremdet von der »Kühnheit seiner Experimente«, wie Koprowski berichtet.

Der gebürtige Warschauer, 1939 vor den Deutschen aus seinem Heimatland nach Südamerika geflüchtet, forscht inzwischen in den Lederle Laboratories in der Nähe von New York. Er sucht seit Mitte der Vierzigerjahre nach einem Verfahren, wie man lebende Polioviren so schwächen kann, dass sie keine Krankheit mehr auslösen, sich aber als Impfstoff eignen. Er spritzt Polioviren in die Gehirne von Hausmäusen und Hamsterbabys. Schließlich experimentiert er vor allem mit Baumwollratten, einer großen amerikanischen Mäuseart. Die Idee ist, dass die Viren sich dem Mäuseorganismus anpassen, sich weiter vermehren, aber unterwegs ihre krank machende Wirkung beim Menschen verlieren.

Das Verfahren ist nicht sehr appetitlich und vor allem nicht sehr mäusefreundlich. Viren werden in Mäusegehirne injiziert, man wartet ein paar Tage, die Mäusehirne werden in den Mixer gegeben, die Viren isoliert, wieder in Mäuse injiziert und so weiter. Koprowski stellt fest, dass nach siebenfachem Mausdurchgang nur noch Viren übrig sind, die keine Kinderlähmung mehr auslösen. Im Januar 1948 trinkt Koprowski in seinem Labor so einen Mäusehirncocktail. Er schmeckt wie Lebertran ...

So viel zur Kühnheit. Aber neben diesem Selbstversuch geht Koprowski auch so weit, geradezu menschenverachtende Tests an Unmündigen durchzuführen. Damals hat das keine öffentliche Debatte ausgelöst. Heute dürfte man niemanden finden, der die Experimente gutheißt, die Koprowski in den folgenden Jahren an geistig behinderten Kindern oder an den Babys der Insassinnen eines Frauengefängnisses durchführt. Am Ende hat Koprowski Erfolge vorzuweisen. Er ist der Erste, der einen stabilen und sicheren Lebendimpfstoff gegen Polio entwickelt. Das Risiko tragen aber vor allem unschuldige, unwissende, nichteinwilligungsfähige Menschen.

Das ist aber nicht der Grund, weshalb er als Wissenschaftler für seine Resultate nicht die Lorbeeren erntet. Salk mit seinem Totimpfstoff und später Albert Sabin (beide Teilnehmer des Runden Tisches von Hershey) sind im Wissenschaftsmarketing cleverer als Koprowski. Salk wird zum Star, auch Sabin wird berühmt. Dessen Lebendimpfstoff wird der Standard für die weltweiten Schluckimpfungen. Auch Sabin stammt übrigens aus Polen. Bemerkenswert ist, dass er mitten im Kalten Krieg Kooperationspartner in der Sowjetunion findet, wo sein Impfstoff millionenfach getestet wird.

Koprowski gewinnt auf fragwürdige Weise wichtige Erkenntnisse und vor allem führt er in den Fünfzigerjahren die ersten erfolgreichen Massenimpfungen in Belgisch-Kongo durch (mit dem unzutreffenden Vorwurf, er habe dadurch Aids verursacht oder verbreitet, haben wir uns im dritten Kapitel schon beschäftigt).

Allen Erfolgen zum Trotz erhält keiner der drei Männer – Koprowski, Salk und Sabin – für seine Leistungen den Nobelpreis. Aber Hilary Koprowski nimmt im Alter Kompositionsunterricht bei Riccardo Muti.

Später, gegen Ende seines Lebens, sagt er, obwohl die Jagd nach dem Polioimpfstoff »alle Elemente des menschlichen Dramas zeigte, einschließlich Inspiration, Wagemut, Enttäuschung, Streit, Intrigen und vor allem harte Arbeit vieler Menschen, war sie ein wunderbares Abenteuer«. Seit Beginn der Massenimpfungen in den Fünfziger- und Sechzigerjahren ist die Zahl der Neuinfektionen praktisch auf null zurückgegangen. Es gibt pro Jahr nur noch wenige Fälle von Kinderlähmung in Pakistan und Afghanistan.

Maurice Hilleman, den wir schon im ersten Kapitel als Vater Dutzender Impfstoffe – unter anderem des Dreifachimpfstoffs gegen Masern, Mumps und Röteln, außerdem die Vakzine gegen Windpocken, Meningokokken, Hepatitis A, Hepatitis B, Pneumokokken, *Haemophilus influenzae* Typ b – kennengelernt haben (und der auch keinen Nobelpreis erhielt), hat 2004 kurz vor seinem Tod zu seinem Kollegen Paul Offit gesagt, »ich bin irgendwie froh über all das. Ich bilde mir darauf nichts ein, aber ich bin zufrieden, weil es eine große Freude ist, nützlich zu sein«. Man schätzt, dass Hillemans Arbeit jedes Jahr acht Millionen Leben rettet.

SECHSTES KAPITEL,

in dem wir Krankheiten kennenlernen, von denen die meisten von uns noch nie etwas gehört haben, die aber buchstäblich Milliarden Menschen betreffen und bei deren Bekämpfung Impfstoffe eine große Rolle spielen könnten. In dem wir außerdem erfahren, dass die Impfstoffentwicklung stockt, weil Geld fehlt; dass es hilfreiche Impfstoffe gibt, die aber noch nicht genug Menschen erreichen; und dass Menschen wie Melinda und Bill Gates dazu beitragen wollen, dass weniger Kinder an vermeidbaren Infektionskrankheiten sterben.

Am 9. September 2014 schreibt Ellen Johnson Sirleaf einen Brief an die deutsche Bundeskanzlerin. Besser gesagt: Liberias Präsidentin schreibt zehn Briefe – nicht nur an Angela Merkel, sondern auch an die Staats- und Regierungschefs Australiens, Brasiliens, Chinas, Indiens, Japans, Kubas, Russlands, Südafrikas und der USA. In Liberia, einem Staat im Westen Afrikas, ist Ebola ausgebrochen – eine wirklich schlimme Seuche, die bei einem sehr hohen Anteil der Fälle zum Tod führt.

Die Epidemie hat Anfang des Jahres im benachbarten Guinea begonnen und sich dann auf Sierra Leone und Liberia ausgedehnt. Die Krankheit beginnt mit grippeähnlichen Symptomen, dann folgt das sogenannte hämorrhagische Fieber, es kommt zu inneren Blutungen, Blut sickert aus allen Körperöffnungen, die Menschen sterben an einem septischen Schock und multiplem Organversagen. Die Krankheit ist sehr ansteckend – besonders wenn man mit Körperflüssigkeiten von Erkrankten oder Gestorbenen in Berührung kommt. Oft trifft es Krankenschwestern und diejenigen, die die Toten waschen und bestatten.

Als Präsidentin Sirleaf ihre Briefe verschickt, sind bereits Tausende gestorben. Sie hat den Notstand ausgerufen und Grenzen geschlossen. Die WHO prognostiziert Zehntausende weitere Fälle. Liberia verfügt nur über ein marodes Gesundheitssystem. Es fehlt an allem. Und die Seuche tobt in den Großstädten. An vielen Orten bricht Panik aus, der Schatten des Todes liegt über dem Land. Als internationale Helfer sind praktisch nur die Médecins Sans Frontières (MSF), die Ärzte ohne Grenzen, vor Ort.

Die sind es auch, die Sirleaf unter Druck setzen, endlich, endlich internationale Hilfe anzufordern. Die Datei *germany.pdf*, die die Präsidentin an die Bundeskanzlerin mailt, enthält Textbausteine aus dem MSF-Büro. Sirleaf schreibt, die bisherigen Maßnahmen zur Eindämmung der Seuche reichten nicht aus. »In dieser Geschwindigkeit werden wir die Übertragungskette nie unterbrechen, und das Virus wird uns überwältigen.« Sie stellt konkrete Forderungen: mindestens ein mobiles Krankenhaus, Unterstützung für vorhandene Behandlungseinrichtungen, Ausrüstung und Personal.

Der Brief verfehlt seine Wirkung nicht, weder in Deutschland noch bei den anderen Adressaten. Merkel lässt sich von nun an persönlich berichten. Ebola wird Chefinnensache, wie es heißt. Der damalige Staatsminister im Kanzleramt Helge Braun ist ausgebildeter Mediziner. Er vermittelt den Nichtmedizinern im Haus den Ernst der Lage und übernimmt die Koordination. Es ergehen vom Kanzleramt konkrete

Aufträge an die zuständigen Ministerien – Auswärtiges Amt, Verteidigung, Gesundheit und Wirtschaftliche Zusammenarbeit. In der Bundesregierung setzt sich die Überzeugung durch, Ebola unterschätzt zu haben, zu spät dran zu sein.

Die Berichte, die der Krisenstab im Auswärtigen Amt aus der Ebolaregion erhält, sind dramatisch: Menschen sterben auf den Straßen, die Krankenhäuser sind so überlastet, dass andere Krankheiten nicht mehr behandelt werden können, das öffentliche Leben und die Wirtschaft kommen aus Angst vor Ansteckung völlig zum Erliegen ... Die Bundeswehr verlegt ein Lazarett nach Liberia, es gibt Flugzeuge für Evakuierungen, die eingesetzten finanziellen Mittel werden vervielfacht, im Auswärtigen Amt nimmt Botschafter Walter Lindner am 1. Oktober 2014 seine Arbeit als Sonderbeauftragter Ebola auf.

Ebola ist für Westafrika eine Katastrophe. Als die Epidemie 2016 als besiegt gilt, sind nach WHO-Zählung fast 30.000 Menschen erkrankt und über 11.000 gestorben. Die Dunkelziffer ist wahrscheinlich deutlich höher. Liberia, Sierra Leone und Guinea leiden noch lange an den Folgen des Ausbruchs, an wirtschaftlichen Problemen, Hunger und Auswanderung. Der volkswirtschaftliche Schaden wird in den ohnehin verarmten Ländern auf mehrere Milliarden Dollar beziffert.

Vier Jahre nach dem Höhepunkt der Epidemie, im Sommer 2018, bricht Ebola im Kongo aus. Das Virus ist dort gewissermaßen zu Hause. 1976 wurde es nach einem Ausbruch im damaligen Zaire erstmals beschrieben. Bis Ende Februar 2019 sind im Nordosten der Demokratischen Republik Kongo fast 900 Menschen erkrankt, deutlich über die Hälfte ist gestorben. Aber es sind nicht Zehntausende, denn diesmal ist die Lage anders: Die Krankheit ist noch nicht in die Millionenstädte vorgedrungen. Und: Es gibt einen hochwirksamen Impfstoff. Bis September 2019 werden in den betroffenen Regionen über 200.000 Menschen immunisiert.

Seit 2018 ist dieser Impfstoff zugelassen. Er war – damals noch ohne abschließende klinische Tests – in geringerem Umfang auch schon 2014 in Liberia erprobt worden, aber die Epidemie kam zu ihrem Ende, ehe die Tests abgeschlossen waren. Der Impfstoff stammt aus kanadischen Labors. Die Regierung Kanadas hatte ihn nach dem 11. September 2001 zur Abwehr von Anschlägen mit biologischen Waffen entwickeln lassen. Als in Westafrika Ebola ausbrach, vergab Kanada eine Lizenz an die Firma Merck – zu spät jedoch, um den Impfstoff in Liberia, Sierra Leone und Guinea noch wirkungsvoll einsetzen zu können.

An diesem Ablauf sieht man, was sich verbessern muss – nicht nur bei Ebola: Entwicklung, klinische Tests, Zulassung und Verfügbarkeit dürfen nicht nur von den wirtschaftlichen Interessen der Hersteller oder dem nach innen gerichteten politischen Willen der westlichen Regierungen abhängen.

Es gibt viele Krankheiten, gegen die wir heute mithilfe von Impfstoffen vorgehen können. Und wir erkennen jetzt, wie absurd einem die Impfgegnerschaft vorkommen muss, wenn man sieht, wie erfolgreich (und populär) Impfungen in Weltgegenden sind, in denen Armut und Krankheit viel konkretere Bedrohungen darstellen als bei uns. Allerdings hatten Ärzte und Behörden auch im Kongo gegen Impfgegnerschaft zu kämpfen. Impfungen gibt es seit Jahrhunderten, aber das Impfen ist nicht Geschichte, sondern eine weltweit sehr aktuelle und erfolgreiche medizinische Maßnahme zur Eindämmung von Infektionskrankheiten. Und es gibt sehr konkrete Hoffnungen, dass Impfungen bald helfen können, Krankheiten zu verdrängen, gegen die heute noch kein Impfstoff existiert. Nicht nur in Entwicklungsländern – auch in der industrialisierten Welt.

Die Pocken sind vor allem dank weltweiter Impfprogramme seit Ende der Siebzigerjahre ausgestorben – *eradicated*, ausgelöscht, wie man im Englischen sagt. Viele wissen nicht, dass nach dem Verschwinden der Pocken die Masern die meisten Kindstode verursachten. In den Achtzigerjahren starben weltweit jedes Jahr zwei Millionen Kinder an dieser sogenannten Kinderkrankheit, von der Impfgegner behaupten, sie sei harmlos. 2017 waren es laut WHO 110.000 Menschen, überwiegend Kinder unter fünf, die die Masern nicht überlebten. Das entspricht zwar einem Rückgang von rund 95 Prozent in den vergangenen vier Jahrzehnten, und doch sind es immer noch zu viele Kinder, die nicht gerettet werden, obwohl es möglich wäre.

2019 wurden allein im Kongo mehr als 250.000 Masernfälle gemeldet. Die »Ärzte ohne Grenzen« berichteten von mehr als 5000 Toten – davon mehr als 90 Prozent kleine Kinder. In Madagaskar spielte sich seit Herbst 2018 eine ähnliche Masernkatastrophe ab: Zehntausende waren erkrankt und mehr als 1000 Menschen waren bis zum Frühjahr 2019 trotz eines Impfnotprogramms gestorben – die meisten davon Kinder unter 14 Jahren. Die Menschen sind arm, das Land ist es auch. Es gibt für die Menschen keine verlässliche Gesundheitsversorgung, kaum funktionsfähige Krankenhäuser oder ambulante Einrichtungen. Viele Madagassen konnten sich die Impfungen in der Vergangenheit nicht leisten, und die akuten Impfprogramme kamen oft zu spät. Diese verheerende Masernepidemie zeigt auf schreckliche Weise, wie gefährlich diese Erkrankung sein kann. Die Situation ist während der Coronapandemie nicht besser geworden. »Covid-19 hat eine verheerende Wirkung auf das Gesundheitswesen und insbesondere auf Impfdienste weltweit«, meldete der WHO-Chef Tedros Ghebreyesus Ende 2020 vor allem mit Blick auf Masern- und Polioimpfungen.

Auch bei anderen Infektionskrankheiten sind es vor allem Kinder, die hart getroffen werden. In Entwicklungsländern sterben viele immer noch an Lungenentzündungen, die durch Pneumokokken ausgelöst werden, sie überleben schwere Durchfälle nicht, die von Rotaviren hervorgerufen werden, oder sterben an Hirnhautentzündung infolge einer Infektion mit *Haemophilus influenzae* Typ b. Auch Keuchhusten, Wundstarrkrampf und Diphtherie töten immer noch Kinder. Die hier genannten Krankheiten führten 2015 zu einer dreiviertel Million Todesfällen allein bei Kindern im Alter von unter fünf Jahren. Und alle diese Krankheiten (die wir uns im siebten Kapitel noch ausführlicher ansehen werden) sind durch Impfungen zu verhindern!

Seit dem Jahr 2000 gibt es die Global Alliance for Vaccination and Immunisation – heute kurz: Gavi, die Impfallianz. Sie hat das Ziel, die Impfraten in der Welt zu erhöhen. Gavi arbeitet mit privaten und öffentlichen Geldgebern und mit regionalen Regierungen zusammen. Weil auch Impfstoffhersteller mit von der Partie sind, wird Gavi gelegentlich kritisiert. Zumal sie eine Organisation ist, die die wirtschaftlichen Interessen der Impfstoffhersteller eindeutig anerkennt. Das hat in der Vergangenheit zum Beispiel dazu geführt, dass auch Ärzte ohne Grenzen die öffentlich-private Finanzierungsstrategie angegriffen haben. Aber Gavis Erfolge sind überzeugend. Und in den betroffenen Ländern – beispielsweise im Kongo – arbeiten Ärzte ohne Grenzen eng mit Gavi zusammen. Bis 2018 hat Gavi die Impfung von 700 Millionen Menschen unterstützt und damit nach Schätzungen von Gavi und der WHO zehn Millionen Tode verhindert.

Gavi gäbe es mit ziemlicher Sicherheit nicht ohne das Engagement von Bill und Melinda Gates, den Microsoft-Milliardären, die sich Entwicklungspolitik und die Weltgesundheit zum Ziel ihrer kapitalgestützten Menschenfreundlichkeit gemacht haben. Die Gates-Stiftung stellte Gavi zur Anschubfinanzierung 750 Millionen Dollar zur Verfügung. Wirklich ein Haufen Geld. Und dieses Geld zog weiteres an. In Berlin fand 2015 eine Geberkonferenz für Gavi statt, auf der Bundeskanzlerin Angela Merkel die Schirmherrschaft hatte. Insgesamt wurden 7,5 Milliarden Dollar für die fünf Jahre von 2016 bis 2020 zugesagt. Zu 7,8 Milliarden Euro verpflichteten sich die Teilnehmerstaaten auf der Folgekonferenz im Juni 2020 – Deutschland hat jeweils 600 Millionen Euro dazu beigetragen beziehungsweise versprochen. Die Gates-Stiftung will 1,4 Milliarden Euro geben.

Gavi will in jeder Fünfjahresperiode 300 Millionen Kinder zusätzlich impfen, gegen Polio, Typhus und Masern, sie will Pneumokokken- und Rotavirenimpfstoffe weiterverbreiten und dafür sorgen, dass Impfstoffe auch für arme Länder erschwinglich sind. Das gilt besonders für die Versorgung armer Länder mit Covid-Impfstoffen. Die Organisation schätzt, dass durch die verschiedenen Impfprogramme langfristig viele Millionen Leben gerettet werden können. Den volkswirtschaftlichen Nutzen in den betroffenen Ländern beziffert Gavi auf 80 bis 100 Milliarden Dollar in jeder Fünfjahresperiode. Medizinische Hilfe für arme Länder ist eine der wirkungsvollsten Arten der Entwicklungshilfe.

Das klingt vielversprechend. Es gibt aber viele Krankheiten auf der Welt, gegen die Impfstoffe fehlen. Und es gibt viele Krankheiten, von denen wir Europäer wenig wissen, die aber Hunderte von Millionen Menschen krank machen, leiden lassen und töten.

Beginnen wir mit den »großen Drei«, die noch relativ viel Aufmerksamkeit erhalten: Aids, Malaria und Tuberkulose. Ende 2019 waren laut WHO 38 Millionen Menschen auf der Welt HIV-positiv, das heißt: Sie sind mit dem Virus, das Aids auslöst, infiziert. Allein in Afrika südlich der Sahara leben Schätzungen zufolge über 25 Millionen Menschen mit dem Virus. Viele Kinder werden dort HIV-positiv geboren, weil ihre Mütter die Infektion während der Schwangerschaft oder bei der Geburt auf sie übertragen haben. Eine medikamentöse Behandlung kann den Ausbruch von Aids verzögern oder verhindern, heilt aber nicht endgültig. Vor allem ist diese Therapie immer noch sehr teuer. Das gilt auch für die Stammzelltherapie, die zwar vielversprechend ist, aber noch am Anfang steht.

Seit das HI-Virus gefunden wurde, wird auch nach einem Impfstoff dagegen gesucht. Es gab eine ganze Reihe von Ansätzen, manche waren vielversprechend, einige erreichten die Phase klinischer Studien – das heißt, sie wurden an Menschen erprobt –, aber bisher hat das alles nicht zum Ziel geführt. Zwar gibt es immer wieder Impfversuche, die zu einer »robusten Immunantwort« führen, was bedeutet, dass der Körper in großer Zahl Antikörper produziert. Aber weil das Virus sich ständig verändert, sich im Immunsystem selbst versteckt und auch sonst viele Tricks auf Lager hat, führen die Antikörper nicht dazu, dass eine Infektion wirklich verhindert und wirksam bekämpft wird.

Malaria ist eine alte Geißel der Menschheit. Sie quält uns bereits seit Jahrzehntausenden. Die ersten Hochkulturen entstanden nicht zufällig vor allem dort, wo es keine stechend-saugenden Insekten gab, die den Erreger verbreiten konnten. Malaria kommt hauptsächlich in den Tropen und Subtropen vor, wird durch die Anophelesmücke übertragen und quält und schwächt zwischen 200 Millionen und einer halben Milliarde Menschen mit ihren Fieberschüben. Die WHO spricht davon, dass jährlich knapp eine halbe Million Menschen an Malaria sterben.

Schon lange wird an der Entwicklung eines Impfstoffs gegen Malaria gearbeitet. Malaria wird nicht durch Bakterien oder Viren hervorgerufen, sondern durch ein winziges Tierchen, den einzelligen Parasiten Plasmodium. Trotzdem ist die Entwicklung eines Impfstoffes jedenfalls theoretisch möglich. Antikörpern ist nämlich egal, ob wir einen Erreger als Bakterium, Virus, Pilz, Tier oder Pflanze einstufen. Es gibt mehrere Ansätze – auch von deutschen Wissenschaftlern –, und verschiedene Impfstoffe befinden sich in klinischen Studien. Die Ergebnisse gelten teilweise als »vielversprechend«, bisher wurde aber ein echter Durchbruch nicht vermeldet. Das Problem ist, dass Impfstoffe eine Immunantwort hervorrufen und auch verträglich sind, am Ende aber doch nicht so wirksam sind wie erhofft.

Tuberkulose (Tb oder Tbc) war bis vor Kurzem auch in Europa und der Neuen Welt ein erhebliches Problem. Thomas Manns *Zauberberg* berichtet von der Welt der Davoser Sanatorien, in denen man über lange Zeit und oft erfolglos Tuberkulosekranke behandelte. Das war der Weg der Reichen – die Armen starben ohne Sanatorium, Blut hustend in den feuchten Mietshäusern der Großstädte. In den reichen Ländern spielt Tuberkulose heute keine allzu große Rolle mehr. Die Krankheit ist selten, eine Behandlung mit Antibiotika ist langwierig, aber in der Regel erfolgreich.

Heute ist Tb eindeutig eine Krankheit der Armen. Laut WHO gibt es in den meisten Ländern mit hohem Einkommen weniger als zehn neue Fälle pro 100.000 Einwohner. In Deutschland, Österreich und der Schweiz sind es sechs bis sieben. Aber in Ländern wie Mosambik, den Philippinen und Südafrika erkranken Jahr für Jahr mehr als 500 von 100.000 Einwohnern.

Man nimmt an, dass ein Drittel der Weltbevölkerung den Tb-Erreger in sich trägt. Zehn Millionen Menschen entwickeln die Krankheit jedes Jahr neu. Laut WHO ist Tuberkulose die häufigste Todesursache, die auf einen einzelnen Erreger zurückzuführen ist. Im *Global Tuberculosis Report* heißt es, »2017 verursachte die Tb schätzungsweise 1,3 Millionen Todesfälle unter HIV-negativen Menschen und weitere 300.000 Todesfälle unter HIV-positiven Menschen«. Daran sieht man: Die Immunschwäche macht besonders anfällig für die weitverbreiteten Tuberkelbakterien.

Es gibt zwar einen Impfstoff, Bacillus Calmette-Guérin, kurz: BCG, der bereits vor einem Jahrhundert entwickelt wurde. Das Problem ist aber: Er ist nicht sehr wirksam, und Komplikationen sind so häufig, dass die STIKO in Deutschland BCG nicht mehr empfiehlt. Vor allem in den Tropen ist die Wirksamkeit von BCG gering, weil viele Menschen bereits Antikörper in sich tragen, die eine Immunantwort auf den Impfstoff abschwächen oder verhindern. Es bräuchte also dringend einen neuen, effektiven Impfstoff, aber entsprechende Entwicklungen laufen langsam. Zwölf neue Impfstoffe sind aktuell in der klinischen Testphase, aber noch ist keiner im Ziel.

Die WHO hat eine End-Tb-Strategie ausgerufen: Bis 2030 soll die Zahl der Todesfälle gegenüber 2015 um 90 Prozent, die der Neuerkrankungen um 80 Prozent verringert werden. Dazu, sagt die Weltgesundheitsorganisation, bräuchte es pro Jahr Forschungsmittel in Höhe von zwei Milliarden Dollar. Nur gut ein Drittel davon steht tatsächlich zur Verfügung.

So viel zu den drei besonders katastrophalen Erregern, gegen die es keine oder nur uneffektive Impfstoffe gibt. Jetzt wenden wir uns Krankheiten zu, von denen Sie wahrscheinlich noch nie gehört haben. Sie stehen auf einer Liste von 17 Krankheiten, die gemeinhin als vernachlässigte Tropenkrankheiten oder Neglected Tropical Diseases (NTDs) geführt werden. Die WHO nennt sie »die alten Krankheiten der Armut«. Sie heißen: Humane Afrikanische Trypanosomiasis (auch Afrikanische Schlafkrankheit), Buruli-Krankheit, Chagas-Krankheit (auch Amerikanische Schlafkrankheit), Dengue, Drakunkulose/Dracontiasis (Medina-/Guineawurm), Echinokokkose (Hunde- und Fuchsbandwurm), Endemische Treponematosen (Frambösie, Bejel, Pinta), Geohelminthosen, Leishmaniose (Leishmaniasis), Lymphatische Filariose (Elephantiasis), Onchozerkose (Flussblindheit), Schistosomiasis (Bilharziose), Täniose/Zystizerkose (Schweinebandwurm), Trachom sowie Trematodeninfektionen (durch Nahrungsmittel).

Das klingt alles exotisch, nach Tropenhelm und gruseligen Expeditionsgeschichten. Aber diese Krankheiten mit den sonderbaren Namen sind ganz aktuell für sehr viele

Menschen ein schreckliches Schicksal. Weltweit leidet *eine Milliarde Menschen* – die ärmste Milliarde der Weltbevölkerung – an mindestens einer dieser Krankheiten. Sie werden fast alle von Parasiten verursacht. Oft sind es fiese Platt- oder Fadenwürmer, die zum Teil unglaublich groß werden können. Dieser Befall führt mittelbar zu Unterernährung, weil die Würmer im Darm »mitessen« oder Blut saugen. Das macht die betroffenen Menschen, oft Kinder, anfälliger für andere Infektionskrankheiten. Wer zum Beispiel an Elephantiasis leidet, einer Wurmerkrankung, die die Gliedmaßen grotesk anschwellen lässt, hat ein deutlich höheres Risiko, sich auch mit dem HI-Virus anzustecken und Aids zu bekommen. Bei einem unterernährten Kind verlaufen beispielsweise die Masern heftiger, und die Wahrscheinlichkeit von Komplikationen steigt. NTDs machen die Menschen zu krank, um zur Arbeit zu gehen. Sie gefährden Schwangerschaften und beeinträchtigen die geistige Entwicklung von Kindern. NTDs befallen arme Menschen und verhindern, dass sie sich aus ihrer Armut befreien.

Peter Hotez, den freundlichen Wissenschaftler mit der Fliege, haben wir im zweiten Kapitel schon kennengelernt, als er sich mit den Anti-Vaxxern herumschlug. Hier begegnen wir ihm in seinem eigentlichen Beruf wieder: Er entwickelt Impfstoffe gegen NTDs. Das ist ein mühsames Geschäft. Zum Beispiel arbeitet er seit vielen Jahren an einem Impfstoff gegen den Hakenwurm, eine der Geohelminthosen – also der Krankheiten, die durch in der Erde lebende Fadenwürmer verursacht werden. Ihre Larven warten im Boden, bis sie einen geeigneten Fuß finden, in den sie sich bohren können. Hakenwürmer stehen auf der »Hitliste« der NTDs ziemlich weit oben: Hunderte Millionen Menschen leiden unter diesem Wurmbefall, der sie schwächt, manche apathisch macht. Angeblich sterben 60.000 Menschen pro Jahr an den Folgen eines Hakenwurmbefalls.

Hotez sagt, nicht nur humanitäre Gründe sprächen für die Bekämpfung der vernachlässigten Krankheiten, sondern auch wirtschaftliche. »Die Behandlung dieser Krankheiten oder die Prävention durch Impfstoffe ist eine sehr wirksame Maßnahme zur Bekämpfung der Armut.« Hotez spricht daher von »antipoverty vaccines« – Impfungen gegen Armut. Schon vor Jahren hat er in Fachblättern über Impfstoffe gegen Hakenwurmbefall, Leishmaniose und Bilharziose geschrieben. Und darüber, dass es denkbar sei, mit neuen gentechnischen Methoden auch Impfstoffe gegen eine ganze Reihe weiterer NTDs zu entwickeln.

Gegen das Denguefieber gibt es einen Impfstoff, aber wir haben im dritten Kapitel bereits von den Problemen erfahren, die es damit gibt. Gegen manche Bandwürmer kann man die Nutztiere – Schafe, Schweine, Hunde – impfen und so verhindern, dass der Parasit auf den Menschen überspringt. Es gibt Impfstoffkandidaten für die Chagas-Krankheit, Leishmaniose, Lepra, die Flussblindheit und Bilharziose. Aber klinische Tests haben noch nicht begonnen oder sind noch nicht abgeschlossen.

Es ist ein steiniger Weg, die NTDs, die eine Milliarde Menschen quälen, zurückzudrängen und schließlich zu besiegen. Aber es gibt durchaus Grund zur Hoffnung. Und das hat überraschenderweise etwas mit Covid-19 zu tun. So, wie es aussieht, haben mRNA-Impfstoffe mit den Entwicklungen von BioNTech und Moderna ihren Durchbruch geschafft. Und die Methode, Erbinformation in Körperzellen einzuschmuggeln, damit diese selbst die Antigene produzieren und so das Immunsystem schulen, könnte auch bei einigen NTDs Erfolg haben.

Jeroen Pollet, ein junger belgischer Wissenschaftler, arbeitet als Assistant Professor am Institut von Peter Hotez in Houston. Er forscht an einem Impfstoff gegen die Chagas-Krankheit, die von dem einzelligen Parasiten *Trypanosoma cruzi* hervorgerufen wird. Und Pollet ist optimistisch, dass sich komplexe Impfstoffe, wie sie gegen solche Erreger wie *Trypanosoma cruzi* nötig wären, mit der mRNA-Technologie herstellen lassen. »Ich persönlich glaube, dass mRNA eine Impfstofflösung für bestimmte parasitäre Infektionen bieten kann«, sagt Pollet. Das gelte insbesondere für solche, die komplexere mehrstufige Lebenszyklen aufweisen – beispielsweise auch Malaria. Voraussetzung für Entwicklung und Produktion solcher Impfstoffe sei aber, dass die Produktionskosten weiter sänken. Und dafür bestehen gute Chancen, denn für die Covid-Impfstoffproduktion werden nun die Kapazitäten für mRNA-Vakzine hochgefahren.

Es gehört eigentlich nicht in dieses Kapitel, aber mRNA-Impfstoffe haben das Zeug dazu, den Durchbruch bei ziemlich vielen Krankheiten – auch Krebs – zu bringen. Die maßgeschneiderte Krebsbekämpfung mit mRNA-Vakzinen war vor Covid das eigentliche Projekt der Immuningenieure von BioNTech, Özlem Türeci und Uğur Şahin. Jeroen Pollet sagt, »mit dem Erfolg der mRNA-Impfstoffe gegen Covid-19 wird die Forschung an mRNA-Lösungen boomen«.

Leider nur sehr bescheidene Hoffnung gibt es bei der Bekämpfung – oder besser Vermeidung – der chronischen rheumatischen Herzerkrankung. Das ist eine Entzündung auf der Innenseite des Herzens, eine Endokarditis, die einer

Erkrankung an rheumatischem Fieber (rheumatic heart disease) folgt. Es geht meistens los mit einer Infektion mit A-Streptokokken (eine Bakteriengruppe, die zum Beispiel Scharlach auslöst). Die bakterielle Erkrankung selbst ist nicht so dramatisch, kann aber später zu Herzschädigungen führen – vor allem zu Beschädigungen der Herzklappen, die sich nur noch operativ behandeln lassen.

Es ist wieder das Gleiche: Im reichen Norden kommt das nicht mehr so oft vor, weil eitrige Halsentzündungen schnell und effektiv mit Penicillin oder ähnlichen Antibiotika behandelt werden. In vielen afrikanischen Ländern ist das aber nicht der Fall. Kinder und Erwachsene haben keinen Zugang zu ärztlicher Behandlung und Medikamenten. Die Folge ist, dass Millionen Menschen an geschwächten Herzen leiden. Man schätzt, dass 2015 über 300.000 Menschen an rheumatischen Herzerkrankungen nach einer Streptokokkeninfektion starben. Das betraf vor allem Menschen in Ozeanien, Südasien und Zentralafrika. Über 30 Millionen Menschen leiden an solchen rheumatischen Herzerkrankungen!

Im vierten Kapitel, als es um die immunologischen Grundlagen des Impfens ging, war schon die Rede davon, dass es in den Sechzigerjahren Probleme mit der Entwicklung eines Impfstoffes gegen A-Streptokokken gab. Ein vielversprechender Impfstoff löste in einigen Fällen eine Autoimmunerkrankung aus. Lange steckte die Entwicklung mehr oder weniger in der Sackgasse. Im 21. Jahrhundert gibt es nun eine ganze Reihe von Fortschritten, einige Impfstoffe befinden sich in der klinischen Prüfung, noch mehr werden in Zellkulturen oder Tierversuchen getestet. Immer mal wieder melden Arbeitsgruppen vielversprechende Ergebnisse, aber es gibt keinen Durchbruch.

In einem großen wissenschaftlichen Übersichtsartikel zur Entwicklung eines Impfstoffes gegen A-Streptokokken, der 2016 vom University of Oklahoma Health Sciences Center veröffentlicht wurde, werden die Hindernisse als groß, aber nicht unüberwindlich eingeschätzt. Ein großes Problem aber sei »die Tatsache, dass 95 Prozent aller schweren Erkrankungen in Ländern mit niedrigem und mittlerem Einkommen auftreten«. Und hier sei für die Impfstoffhersteller keine ausreichende Rentabilität zu erwarten. »Das *Return on Investment* reicht voraussichtlich nicht aus, um die Entwicklungskosten zu decken.«

Wenn es nach rein marktwirtschaftlichen Grundsätzen geht, scheitert die Bekämpfung der Krankheiten der Armen.

So war es auch bei Ebola, wie wir zu Beginn dieses Kapitels gesehen haben. Ebola ist eine Krankheit, die zwar sehr dramatisch verläuft, aber insgesamt im Vergleich zu anderen Infektionskrankheiten nur selten auftritt. Und deshalb gab es lange auch keinen »Markt« für einen Impfstoff. Erst die Angst vor Biowaffen löste im Westen die Forschung aus und die Bereitschaft, größere Ressourcen in die Impfstoffentwicklung zu investieren. Aber als die Seuche in Afrika ausbrach und Ellen Johnson Sirleaf ihre Briefe verschickte, war der Impfstoff weder ausreichend getestet noch zugelassen und schon gar nicht in ausreichender Menge produziert.

Unter dem Eindruck des Ausbruchs in Westafrika schloss Gavi eine Vereinbarung mit den Herstellern. Die Allianz erklärte sich bereit, eine bestimmte Menge von Impfdosen abzunehmen, wenn der Impfstoff bis zu einem bestimmten Datum lizenziert und von der WHO für Notfalleinsätze zugelassen sein würde. Merck stimmte zu und schloss mit

Gavi einen Vertrag über fünf Millionen Dollar für künftige lizenzierte Impfdosen. 300.000 Testdosen sollten allerdings gleich für den Fall eines Ausbruchs zur Verfügung stehen. 100.000 Dosen davon sollten innerhalb von fünf Tagen versandt werden können. Und dieser Impfstoff war es, der später im Kongo zum Einsatz kam.

SIEBTES KAPITEL,

in dem wir daran erinnert werden, dass es auch vor 50 Jahren alles andere als lustig war, sogenannte Kinderkrankheiten wie Masern oder Mumps zu bekommen – von Diphtherie oder einem Wundstarrkrampf ganz zu schweigen. Und in dem wir von Fällen hören, in denen heute mitten in Deutschland Menschen an solchen Krankheiten sterben, weil zu vielen das Impfen lästig oder unheimlich geworden ist.

In der Verwandtschaft erzählt man sich folgende Geschichte: Zwei Brüder wuchsen in den Fünfzigerjahren in einer norddeutschen Kleinstadt auf. Als Fälle von Kinderlähmung, Poliomyelitis, in der Gegend auftraten, entschieden die Eltern, die beiden Jungen auf die ostfriesische Insel Langeoog zu schicken, bis die Infektionswelle über die Stadt hinweggegangen war. Das war damals kein ungewöhnliches Vorgehen und wahrscheinlich – trotz der schmerzhaften Trennung – eine kluge Entscheidung. Einige Wochen später kehrten die beiden zurück. Vielleicht haben sie von der Nordsee einen Schnupfen mitgebracht, sonst waren sie jedenfalls gesund. Aber ein zu Hause gebliebener Nachbarsjunge hatte sich mit Polio infiziert. Er zog fortan ein Bein nach. Und wenn er nicht gestorben ist, dann tut er das noch heute.

Kinderlähmung kennen wir kaum noch, Babys und Kleinkinder werden aber sinnvollerweise weiterhin standardmäßig dagegen geimpft. Diphtherie ist auch so eine Krankheit, die nach Krieg und Hungerwinter klingt. Kinder erhalten im ersten Lebensjahr vier Impfungen gegen diese beiden Erreger sowie gegen vier weitere Infektionskrankheiten. Zum ersten Mal im Alter von zwei Monaten, dann erneut mit drei, vier und schließlich mit elf bis 14 Monaten.

So empfiehlt es in Deutschland die Ständige Impfkommission (STIKO), in der Schweiz die Eidgenössische Kommission für Impffragen (EKIF) und in Österreich das Nationale Impfgremium. Deren gesetzliche Aufgabe ist es, einen Impfstandard festzulegen, der für den Einzelnen und für die Bevölkerung insgesamt gut ist. Und der über die Gesetzliche Krankenversicherung, die Obligatorische Krankenpflegeversicherung beziehungsweise das kostenfreie Impfprogramm finanzierbar ist.

Manche Krankheiten – wie Polio – sind tatsächlich fast ausgestorben. Andere – wie Diphtherie – würden ohne weitere Impfungen schnell wiederkehren. Um einen Überblick zu liefern, wofür oder vielmehr wogegen die Impfungen gut sind, stellen wir die Krankheiten vor, die sich in den Impfplänen finden. Erst die sechs aus der Sechsfachimpfung (Polio, Tetanus, Diphtherie, Pertussis, Hib und Hepatitis B), dann die vier sogenannten »Kinderkrankheiten« (Masern, Mumps, Röteln, Windpocken) und abschließend noch fünf weitere, die auf der Liste der STIKO stehen (Pneumokokken, Rotaviren, Meningokokken C, HPV und Grippe).

Poliomyelitis

Polio war ein Horror für alle Familien. In den Fünfzigerjahren des 20. Jahrhunderts wurden jährlich in ganz Deutschland Tausende Poliofälle gemeldet. Die Bedrohung war sehr konkret, und sie betraf fast ausschließlich Kinder.

Das Virus befällt die Motoneuronen, das sind die Nervenzellen, die für die Steuerung der Muskeln zuständig sind. Viele Fälle endeten mit Lähmungen, Wachstumsstörungen, aber auch mit dem Tod, wenn die Lähmungen die Atemmuskulatur erreichten. Die Eiserne Lunge – ein Ungetüm von Maschine, das aussieht wie ein metallener Sarg, aus dem am Ende lediglich der Kopf des Patienten herausschaut – wurde vor knapp 100 Jahren erfunden, um Kinder zu retten, die unter einer solchen Atemlähmung litten. In Australien hat eine poliokranke Frau mehr als 60 Jahre in einer Eisernen Lunge gelebt.

Wenn man sich vor Augen führt, dass die Krankheit bei 90 Prozent der Infizierten ohne Symptome verläuft und daher vielfach unentdeckt und ungemeldet blieb, wird klar, wie verbreitet der Erreger damals war.

Franklin D. Roosevelt (der US-Präsident), Margarete Steiff (die mit den Teddys) oder Ian Dury (»Sex and Drugs and Rock and Roll«) litten an den Spätfolgen der Kinderlähmung. Auch die mexikanische Malerin Frida Kahlo und der US-amerikanische Regisseur Francis Ford Coppola (»Der Pate«, »Apocalypse Now«). Hildegard Knef musste nach einer Erkrankung als Kind das Gehen wieder lernen – von »Gummibeinen« schreibt sie in ihren Erinnerungen.

Der amerikanische Schriftsteller Philip Roth schildert in *Nemesis* die Auswirkungen einer fürchterlichen Polioepidemie in seiner Heimatstadt Newark. Es ist die entsetzlich traurige Geschichte des Sportlehrers Bucky Cantor und der ihm anvertrauten Kinder auf einem sommerlichen Sportplatz. Sie sind der Epidemie schutzlos ausgeliefert und tragen ihr Leben lang auf unterschiedliche Weise an ihren Folgen. Wer das Buch gelesen hat, zweifelt nicht daran, dass Impfungen eine großartige Sache sind.

Zu dem Roman wurde Roth übrigens von der Schauspielerin Mia Farrow inspiriert, die als Neunjährige an Polio erkrankt war. Kinderlähmung war keine seltene Krankheit, sondern eine, die einem im Alltag, auf der Straße, in der Schule oder im Kollegenkreis begegnete. Und vor der man wirklich Angst hatte.

Seit Anfang der Sechzigerjahre musste man den Infektionswellen nicht mehr durch Kinderlandverschickung entkommen, sondern konnte sich auf einen neuen Impfstoff verlassen (die Geschichte von Koprowski, Salk und Sabin ist im fünften Kapitel nachzulesen). In der DDR wurde ab 1960 flächendeckend geimpft. Im Westen zwei Jahre später. Bis dahin galt die Bundesrepublik als »Paradies für die Polio«, wie der *Spiegel* 1962 schrieb. Alle Nachbarländer waren mit der Polioimpfung viel weiter. Die Impfkampagne unter dem Slogan »Schluckimpfung ist süß – Kinderlähmung ist grausam« war dann aber ein Riesenerfolg. Die Zahl der Erkrankungen ging sehr schnell drastisch zurück.

Ab Mitte der Sechzigerjahre traten nur noch einzelne Fälle auf. 1990 gab es die letzte nachgewiesene Infektion in Deutschland, zwei Jahre später noch einmal zwei Fälle, die aber aus dem Ausland eingeschleppt waren. In Österreich wurde der letzte Fall 1980 gemeldet, in der Schweiz 1982. In Europa ist Polio derzeit abgemeldet.

Der Polioimpfstoff wird bei uns heute injiziert, nicht mehr auf einem Zuckerwürfel geschluckt. Er hat sich auch verändert. Heute impft man bei uns mit einem Totimpfstoff. Bei der Schluckimpfung wurde noch ein Lebendimpfstoff verabreicht, der abgeschwächte Poliomyelitisviren enthielt. Diese Methode ist zwar sehr wirksam, schmerzlos und hat den Vorteil, dass man kein medizinisches Personal und keine hohen Hygienestandards braucht. Einen Zuckerwürfel mit einem Tröpfchen Impfstoff kann im Grunde jeder verabreichen.

Die Sache hat aber auch einen entscheidenden Nachteil: Wer intakte Viren aufnimmt, scheidet möglicherweise auch intakte Viren wieder aus. Unter ungünstigen Umständen können die – anders als ihre leblosen Vettern aus dem Totimpfstoff – bei anderen Menschen die Krankheit wieder auslösen. Das ist nun gerade nicht das, was man möchte. Und deswegen wird dieser Impfstoff heute in Mitteleuropa nicht mehr verwendet.

Laut WHO wurden in den vergangenen 20 Jahren mehr als drei Milliarden Kinder gegen Polio geimpft. Polio ist weltweit fast ausgerottet – aber eben nicht ganz. Von den drei bekannten Virustypen gilt einer (Typ »Lansing«) als wahrscheinlich ausgelöscht, und einer (»Leon«) ist ebenfalls seit Jahren nirgendwo mehr nachgewiesen worden. Der dritte Typ wurde nach einer einstmals infizierten Schimpansin »Brunhilde« benannt. Die WHO hat es sich zum Ziel gesetzt, auch Brunhilde vollkommen verschwinden zu lassen. Dann wäre Polio wirklich Geschichte.

Das ist kein unrealistisches Ziel, weil sich der Erreger nur in Menschen (und ein paar Affenarten) vermehren kann und auch nur von Mensch zu Mensch weitergegeben wird. So war es auch bei den Pocken, die tatsächlich seit 1975 nirgends mehr aufgetaucht sind und ganz offiziell als ausgelöscht gelten.

Bei der Kinderlähmung ist es noch nicht ganz so weit. In Afghanistan und Pakistan treten immer noch Fälle auf, und ihre Zahl nimmt dort sogar wieder zu – 2020 waren es rund 140 Erkrankungen. Nigeria hat sich unterdessen erfreulicherweise aus der Liste der Polioländer abgemeldet. In Syrien kam es während des Bürgerkriegs zu Neuerkrankungen, obwohl in dem Land vorher 15 Jahre lang keine Infektion mehr gemeldet worden war.

Und 2015 traten sogar in Europa, in der krisen- und kriegsgeschüttelten Ukraine, zwei neue Krankheitsfälle auf. Dort zirkulierten, wie sich die Fachleute ausdrücken, von Lebendimpfstoffen abgeleitete Polioviren. Es war also genau der Fall eingetreten, den man anderswo mit der Umstellung auf einen Totimpfstoff vermeiden konnte.

Die WHO warnt, das Virus könne »leicht in poliofreie Länder importiert werden und sich schnell unter nichtimmunisierten Bevölkerungen verbreiten«. Deswegen wird auch heute in Deutschland noch gegen die Kinderlähmung geimpft. Wer seine Kinder gegen Polio impfen lässt, beteiligt sich an dem großartigen Projekt, die gefährliche und vielfach tödlich verlaufende Krankheit verschwinden zu lassen.

Ein Scheitern dieses Vorhabens könnte nach Einschätzung der WHO innerhalb von zehn Jahren weltweit zu bis zu 200.000 neuen Fällen führen. Jedes Jahr. Das gilt natürlich vor allem dann, wenn wir vorzeitig aufhören würden, gegen Polio zu impfen.

Es ist die klassische Falle: Die Gefahr scheint vorüber, und wir fallen in eine heitere, aber unbegründete Sorglosigkeit.

Auch bei Covid-19 haben wir das schon erlebt. Briten und Amerikaner sprechen in einer solchen Situation von einem *lack of concern*. Und deswegen kommt es jetzt darauf an, das Bewusstsein für die Sinnhaftigkeit des Vorhabens aufrechtzuerhalten – auch wenn die Krankheit aus unserem Leben schon so gut wie verschwunden ist.

Tetanus

Clostridien sind interessante kleine Zeitgenossen. Die Bakterien dieser Gattung haben sich darauf spezialisiert, Giftstoffe zu produzieren, die nicht nur für Tetanus, den Wundstarrkrampf, sondern für eine ganze Reihe wirklich fieser Erkrankungen beziehungsweise Vergiftungen verantwortlich sind.

Clostridium botulinum beispielsweise lebt in Konservenbüchsen, produziert das gemeine Wurstgift, das den sogenannten Botulismus auslöst. Nur so viel: Erst kann man nicht richtig gucken, dann bekommt man irren Durst, dann setzen die Lähmungserscheinungen ein, die Kotzerei, die Krämpfe, der Durchfall. Am Ende bleibt entweder das Herz stehen oder die Atemmuskulatur ist gelähmt und man erstickt. Es gibt ein Gegengift, aber Botulismus führt immer noch bei zehn bis 15 Prozent der Infektionen zum Tod. Wer es überlebt, erholt sich nur sehr langsam.

Die Sache ist erfreulicherweise etwas aus der Mode gekommen, seit die Lebensmittelindustrie das Eindosen und Einkochen besser im Griff hat. Allerdings interessieren sich die Hersteller von Kampfstoffen brennend für Clostridien. Und die Kosmetik. Die lähmende Wirkung des Botulinumtoxins, kurz: Botox, wird eingesetzt, um Falten vorübergehend zu glätten. Das ist allerdings nicht ganz ungefährlich. Es gibt überdies aber auch eine nützliche medizinische Anwendung: Botox kann eingesetzt werden, um spastische Lähmungen zu lösen.

Das Botulinumtoxin ist mit Abstand die giftigste Substanz überhaupt. Winzigste Mengen sind tödlich. Theoretisch reicht ein Gramm aus, um mehr als zehn Millionen Menschen zu töten.

Andere Arten dieser Bakteriengattung verursachen unangenehme Wundinfektionen, den sogenannten Gasbrand. Gucken Sie sich die Bilder lieber nicht an, die man davon im Internet finden kann. Und *Clostridium difficile* ist einer der beliebtesten Krankenhauskeime. Kurz: Wenn Sie einem Clostridium begegnen, winken Sie von Ferne und machen besser einen großen Bogen drum herum.

Aber wir sind abgeschweift. Es geht uns ja nicht ums Wurstgift oder Botox, sondern um Tetanus, verursacht von *Clostridium tetani.* Und es ist in Wahrheit nicht so leicht, dem aus dem Weg zu gehen. Clostridien sind buchstäblich überall zu finden – beispielsweise in der Erde. Und deswegen ist jeder, der sich draußen bewegt, buddelt, im Garten arbeitet, mit Sandförmchen oder Fußball spielt, gefährdet.

In den Sechzigerjahren starben in Deutschland jährlich deutlich mehr als 100 Menschen an Tetanus. Heute gibt es nur noch etwa zehn bis 15 Erkrankungen pro Jahr. Der Rückgang lässt sich vor allem damit erklären, dass Kinder im Rahmen der Sechsfachimpfungen auch gegen Tetanus geimpft werden. Deswegen trifft es heute vor allem ungeimpfte ältere Menschen – Rentnerinnen und Rentner zum Beispiel, die sich bei der Gartenarbeit verletzen.

Die Tetanustoxine breiten sich langsam entlang der Nerven aus und erreichen so auch Rückenmark und Gehirn. Die

Betroffenen bekommen anhaltende Krämpfe im Rücken und zuckende Krämpfe in Armen und Beinen. Ein Symptom ist der *risus sardonicus*, das sardonische Lachen, ein Gesichtskrampf, der wie ein eingefrorenes Grinsen wirkt. Ist aber nicht lustig. Und lustig ist es auch nicht, dass man alles unmittelbar mitbekommt. Die Betroffenen sind nämlich bei vollem Bewusstsein. Trotz intensiver Krankenhausbehandlung sterben zehn bis 20 Prozent der Erkrankten.

Geimpfte Kinder sind hingegen gut geschützt. Erwachsene sollten sich daran erinnern, dass ihnen schon mehrfach gesagt wurde, dass sie alle zehn Jahre ihren Tetanusimpfschutz auffrischen sollten. Und wer sich beim Umgraben mit dem Spaten in den Fuß hackt, sollte zum Arzt gehen.

Wer sich akut verletzt und nicht geimpft ist, bekommt ein Immunglobulin, also Tetanusantikörper gespritzt. Das hilft aber nicht immer – vor allem nicht, wenn die Infektion schon etwas länger zurückliegt. Rechtzeitig und regelmäßig impfen ist viel besser.

Diphtherie

Diphtherie war ein echter Killer. Die Menschen nannten sie den »Würgeengel der Kinder«. In den Kriegsjahren 1941 bis 1945 starben in Deutschland jeweils mehr als 12.000 Kinder an der Krankheit, die die oberen Atemwege befällt. In den Kriegsjahren 1915 bis 1918 waren es zwischen 17.000 und 23.000. Dabei hatte Emil von Behring schon 1901 den Nobelpreis für Medizin erhalten – unter anderem, weil er den Diphtherieerreger isoliert und den passenden Impfstoff entwickelt hatte.

Aber lange Jahre starben noch viele Kinder an Diphtherie.

Richtig vorbei ist das erst seit den Sechzigerjahren. Seitdem gibt es allenfalls vereinzelte Infektionen, aber kaum noch Todesfälle.

Dass sich das schnell ändern kann, wenn die Impfquoten zurückgehen und sich die medizinische Versorgung verschlechtert, konnte man in den Neunzigerjahren in den Ländern der untergegangenen Sowjetunion sehen. Dort traten plötzlich wieder Zehntausende Diphtheriefälle auf, weil mit dem politischen auch das Gesundheitssystem zusammenbrach.

Kinder, die sich infizieren, bekommen schlimme Nasen- und Halsentzündungen. Das Toxin des Diphtherieerregers *Corynebacterium diphtheriae* zersetzt das Gewebe. Es entstehen typische bräunliche Beläge im Kehlkopf und in der Luftröhre, die zu Atemnot bis zur Erstickung führen. Klassische Komplikationen sind eine Herzmuskel- und eine Nervenentzündung. Es kann zu Herzversagen oder zu einer Lungenentzündung mit Todesfolge kommen.

Im Prinzip lässt sich der Diphtherieerreger wirkungsvoll mit Antibiotika bekämpfen. Gegen Bakterien wirkt – anders als gegen Viren – beispielsweise Penicillin. Das Problem ist nur, dass es hier sehr auf die Zeit ankommt. Eine nicht ernst genommene Infektion oder eine falsche Diagnose auf eine deutlich harmlosere Angina kann zur Folge haben, dass das Gift des Bakteriums bereits schlimme Schäden an den inneren Organen verursacht. Deswegen wartet man bei Diphtherieverdacht gar nicht erst auf einen sicheren Laborbefund, sondern gibt zusätzlich zum Antibiotikum sofort das ursprünglich von Behring entwickelte Antitoxin, ein Gegengift, das das Diphtherietoxin neutralisiert – vorausgesetzt, es hat sich nicht bereits an den Zellen der Organe festgesetzt.

Es ist schön, dass es Diphtherie bei uns praktisch nicht mehr gibt. Und so sollte es auch bleiben. Erwachsene brauchen übrigens alle zehn Jahre eine Auffrischung der Impfung.

Pertussis

Pertussis heißt auf Deutsch Keuchhusten. Eine Freundin erkrankte Mitte der Achtzigerjahre daran – ihr Bruder und ihr Vater mit ihr. Die Familie hatte sehr wahrscheinlich die auch damals schon übliche Impfung abgelehnt. Alle drei waren sechs Wochen krank.

Die Symptome sind Husten bis zum Kotzen, und das Tag und Nacht, wochenlang. Bei vielen platzen beim Husten Gefäße in den Augen. Manchmal ist künstliche Beatmung nötig, weil die Patienten keine Luft mehr bekommen. Für Säuglinge ist das schnell lebensgefährlich. Einer von 1000 Erkrankten stirbt – meistens trifft es sehr, sehr junge Menschen.

Kinder und Erwachsene sind heute üblicherweise durch die Impfungen gut geschützt. Allerdings sollten auch Erwachsene ihren Impfstatus prüfen und gegebenenfalls eine Auffrischung erhalten. Das gilt vor allem für Ältere, zum Beispiel für die Großeltern unter den Leserinnen und Lesern dieses Buches. Denn es gibt leider immer wieder regelrechte Ausbrüche von Keuchhusten in Pflegeheimen, weil viele alte Menschen nie gegen Pertussis geimpft wurden. Das ist dann besonders gefährlich, wenn die behandelnden Ärzte die Infektion nicht erkennen. Und das passiert außerhalb von Kinderarztpraxen gar nicht so selten.

Der Erreger wird nur von Mensch zu Mensch weitergegeben – durch Küssen, Sprechen, Anniesen, die klassische Tröpfcheninfektion. Keuchhusten ließe sich theoretisch durch konsequentes Impfen ausrotten – so wie es bei den Pocken geklappt hat und wie es bei der Kinderlähmung hoffentlich bald gelingt. Wir sind aber leider noch ziemlich weit davon entfernt. Der Impfschutz ist hoch, aber er hält nicht ewig. Die Impfung muss – zusammen mit Tetanus und Diphtherie – alle zehn Jahre aufgefrischt werden. Die STIKO empfiehlt außerdem eine Pertussisimpfung für Frauen während der Schwangerschaft.

In Ostdeutschland stieg die Zahl der Keuchhustenfälle nach der Wiedervereinigung sogar wieder an. Die DDR-Impfpflicht war aufgehoben, und das führte schnell zu einem spürbaren Absinken des Impfschutzes bei Kindern. 2019 gab es in Deutschland gut 17.000 gemeldete Fälle, weltweit viele Millionen.

Haemophilus influenzae Typ b (Hib)

Hämo… was? Infektionen mit *Haemophilus influenzae* vom Typ b haben marketingmäßig irgendwas falsch gemacht. Kaum ein Mensch kennt die Krankheit, die Fachleute abgekürzt »Hib« nennen.

Aber Hib ist auch nicht so schön als eigenständige Krankheit zu erkennen wie Polio, Tetanus oder Masern. Hib-Infizierte bekommen gewissermaßen mehrere Krankheiten gleichzeitig: Hals-, Nebenhöhlen-, Mittelohr- und Lungenentzündungen. Wenn sich der Kehldeckel entzündet, droht Erstickung. Wenn es zu einer Hirnhautentzündung kommt, ist – vorausgesetzt man überlebt die Geschichte – mit einer Beschädigung des Gehörs oder der Sehfähigkeit zu rechnen oder mit körperlicher und geistiger Behinderung.

Hib ist – wenn man so will – eine echte Kinderkrankheit,

denn fast ausschließlich Kinder jünger als fünf Jahre sind oder waren davon betroffen. Bevor 1990 ein Impfstoff zur Verfügung stand, waren es weltweit Millionen. Die WHO schätzt, dass noch im Jahr 2000 zwischen 250.000 und einer halben Million Kinder an den Folgen einer Hib-Infektion starben.

Diese Zahlen sind seitdem deutlich zurückgegangen. Heute sind weltweit mehr als 70 Prozent der Kinder gegen Hib geimpft. Bei uns liegt die Quote noch höher. Das hat dazu geführt, dass in Mitteleuropa heute nahezu ausschließlich ältere Menschen erkranken und auch daran sterben können. 2016 starben allerdings auch zwei Kleinkinder in Deutschland an Hib – eines war gar nicht, das andere unvollständig geimpft.

Hib kommt heute glücklicherweise selten vor – aber nicht so selten wie Polio oder Tetanus. Tatsächlich steigen in Deutschland die Zahlen einer Infektion mit *Haemophilus influenzae* seit Jahren auf niedrigem Niveau wieder kontinuierlich an. Es ist aber noch unklar, woran das liegt. Möglicherweise handelt es sich um Fälle, in denen nicht Typ b, sondern ein anderer Vertreter aus dem Erregerspektrum zuschlägt.

Hepatitis B

Hepatitis B ist eine der häufigsten Viruserkrankungen überhaupt. Hunderte Millionen Menschen haben die Krankheit durchgemacht oder leiden an ihr. Die meisten Fälle gibt es in Asien und Afrika.

Bei uns ist diese Erkrankung der Leber nicht so häufig. Allerdings sind die Zahlen in den vergangenen Jahren gestiegen, weil Menschen aus dem Mittleren Osten die Infektion mitgebracht haben.

Das Hepatitisvirus wird durch Speichel, Blut oder andere Körperflüssigkeiten übertragen. Junkies sind häufig betroffen, es wird durch ungeschützten Sex weitergegeben – also Dinge, die Erwachsene tun. Kinder können mit der Krankheit aber schon vor oder während der Geburt von ihren Müttern infiziert werden.

Und sie können sie – wie alle anderen auch – von Kranken bekommen, mit denen sie Kontakt haben. Auch von anderen, infizierten Kindern, mit denen sie spielen, die sie beißen oder kratzen.

Dass sich Kinder auf einem städtischen Spielplatz an der weggeworfenen Spritze eines Junkies infizieren, ist sehr unwahrscheinlich.

Irgendwann werden Kinder aber Erwachsene und tun Erwachsenendinge. Und dann sind sie aufgrund ihrer Impfung im Kindesalter wenigstens gegen Hepatitis B geschützt – wenn auch nicht gegen Drogen und Geschlechtskrankheiten.

Nicht jeder Erkrankte entwickelt die typischen Symptome wie gelbe Haut oder dunkel gefärbten Urin. Und oft ist die Sache in zwei, drei Wochen überstanden. Allerdings bleibt der Erreger unangenehmerweise in den meisten Fällen im Körper. Er geht in eine Art Ruhezustand über, aus dem er leider auch wiedererwachen kann.

Zeit für einen kleinen Ausflug in die Wunderwelt der Viren: Viren sind im Grunde nur Knäuel aus Erbsubstanz, die von einer Eiweißhülle umgeben sind. Sie sehen oft in elektronenmikroskopischen Aufnahmen oder in den Computermodellen, die von ihnen gezeichnet werden, sehr hübsch aus, ikosaedrisch beispielsweise – wie die perfekte Lösung komplizierter dreidimensionaler Geometrieaufgaben.

Viren essen nicht, sie trinken nicht, sie scheiden nichts aus, sie wachsen nicht – kurz: Sie haben keinen eigenen Stoffwechsel. Sie haben auch keinen Sex, sie bewegen sich nicht selbstständig, sie können nicht mal ein Gedicht aufsagen. Sie sind – streng genommen – gar nicht lebendig.

Es ist umstritten, ob Viren eher ein sehr, sehr ursprüngliches Startmodell des Lebens sind oder die coole wahre Krönung der Schöpfung, die auf das ganze anstrengende und schmuddelige Lebensgedöns verzichtet. Denn sie vermehren sich – anders als Bakterien – nicht selbst, sondern veranlassen andere Zellen dazu, die Virenproduktion aufzunehmen.

Im Fall der Hepatitis B übertragen sie den Code ihrer Desoxyribonukleinsäure (DNA) in Leberzellen. Und diese leider sehr dummen Hepatozyten übernehmen daraufhin die Vermehrung von Hepatitisviren. In den Leberzellen werden also plötzlich Viruspartikel und neue Virus-DNA hergestellt, und die neuen Viren, die daraus entstehen, machen sich dann wieder auf ihre antriebslose Kaperfahrt zu weiteren Leberzellen.

Für denjenigen, der sich mit Hepatitis infiziert, bedeutet das, dass er fortan Virus-DNA in seiner Leber mit sich herumträgt – auch wenn die akute Krankheit überwunden und die Leber ihre Virenproduktion eingestellt hat.

Hepatitis kann aber auch eine chronische Form entwickeln. Das heißt: Man wird nicht nur die Viren-DNA, sondern auch die Krankheitssymptome nicht mehr los. Die Leber wird geschädigt, Lebensqualität und Lebenserwartung sinken, das Krebsrisiko steigt. Und das wirklich Doofe ist: Gerade bei Säuglingen ist der Anteil derer, die eine chronische Hepatitis entwickeln, besonders hoch.

Ein Test auf Hepatitis B gehört deshalb auch zur Schwangerschaftsvorsorge. Denn es muss unbedingt verhindert werden, dass eine Mutter die Krankheit auf ihr Neugeborenes überträgt.

So, wir haben jetzt die sechs Krankheiten kennengelernt, gegen die Kinder durch vier Sechsfachimpfungen im ersten Lebensjahr geschützt werden.

Alles wirklich üble und vielfach lebensbedrohliche Krankheiten. Und sie alle lassen sich durch Impfungen vermeiden. Die Impfstoffe sind gut verträglich, und das Risiko, dass bei der Impfung etwas schiefgeht, ist viel, viel, viel geringer als das einer Erkrankung. Pro Jahr gibt es in Deutschland zwischen 30 und 40 anerkannte Impfschäden. Beispiele dafür werden wir im siebten Kapitel kennenlernen. Dieser Zahl stehen zig Millionen Impfungen gegenüber. Ohne diese Impfungen gäbe es Zehntausende, vielleicht Hunderttausende von Krankheitsfällen und damit verbundene Schäden.

Die Qualität der Impfstoffe wurde im Lauf der Jahrzehnte verbessert. Impfstoffe, die früher tatsächlich zu mehr Schädigungen geführt hatten, sind vom Markt verschwunden.

Das waren die Großen Sechs. Jetzt kommen die Kleinen Vier: Masern, Mumps und Röteln – kurz: MMR – plus Windpocken. Das sind nun die Krankheiten, die üblicherweise als Kinderkrankheiten bezeichnet werden.

Aber wir werden sehen, dass beispielsweise eine Maserninfektion kein Kinderkram ist, sondern eine ernste, manchmal leider auch todernste Sache.

Kinder erhalten die MMRV-Vierfachimpfung (das V steht für Varizellen, den Windpockenerreger) mit elf bis 14 und ein zweites Mal mit 15 bis 23 Monaten.

Masern

Viele Erwachsene – vor allem ältere – können sich an ihre eigene Masernerkrankung erinnern. Tatsächlich war es bis in die Siebzigerjahre hinein verbreitet, dass Kinder Masern bekamen. Und wenn die Krankheit erst mal in einer Schule ausgebrochen war, machte sie schnell die Runde, weil sie leicht übertragbar ist.

Viele Leute finden, die Masern seien nicht schlimm gewesen. Und es wäre auch nicht dramatisch, wenn die eigenen Kinder oder Enkel so eine Krankheit mal »durchmachten«.

Mal abgesehen davon, dass der Mensch dazu neigt, die Erinnerung zu schönen (schulfrei, große Aufmerksamkeit durch die Eltern, Comichefte …) – Masern *müssen* nicht schlimm sein. Vorausgesetzt, es kommt zu keinen Komplikationen. In 20 bis 30 Prozent der Fälle gibt es aber welche. Es kann sich nur keiner daran erinnern, dass die Masern nicht für alle Kinder harmlos oder lustig waren (die, die daran gestorben sind, können aus nahe liegenden Gründen nicht mehr darüber berichten). Masern sind nicht nur ein paar rote Flecken und Fieber, sondern leider manchmal auch Mittelohr-, Lungen- oder Hirnhautentzündung.

Die Krankheit wird – wenig überraschend – durch das Masernvirus verursacht. Sie ist wirklich sehr, sehr ansteckend und wird ebenfalls durch Tröpfcheninfektion übertragen. Das Virus kann die Atemwege, die Haut oder das Gehirn befallen. Es schwächt die Körperabwehr, weil es auch Immunzellen angreift.

1962 starben in Deutschland – Ost und West – 156 Menschen an Masern. Diese Zahl ist seitdem deutlich zurückgegangen. Heute sterben pro Jahr zwischen keinem und drei

Menschen an der Krankheit – vor allem, weil es infolge der Impfungen viel, viel weniger Erkrankungen gibt als vor sechs Jahrzehnten.

Die Zahl der Todesfälle bezogen auf die Zahl der Erkrankten ist aber nicht in der gleichen Weise zurückgegangen wie die Zahl der Krankheitsfälle insgesamt. In Deutschland stirbt heute statistisch gesehen einer von 1000 Masernkranken. Das ist zwar auch weniger als früher, weil man die Krankheit heute besser behandeln kann. Aber eine Gruppe von 1000 Menschen, von denen einer stirbt, kann man sich durchaus noch vorstellen.

Aus dem mit Masernkranken vollbesetzten Berliner Olympiastadion 70 Tote herausgetragen. Aus der mit blühendem makulopapulösem Exanthem – so nennt man die Masernpusteln – überzogenen Münchner Olympiahalle 15 Todesopfer. Und aus dem fiebernden großen Saal der ausverkauften Elbphilharmonie in Hamburg würden immerhin zwei Todesfälle gemeldet.

Die Aussicht, dass das eigene an Masern erkrankte Kind mit einer Wahrscheinlichkeit von eins zu 1000 an dieser Krankheit sterben wird, ist für die meisten Eltern nicht sonderlich beruhigend. Und wenn einen die Krankheit in Süditalien, an der Schwarzmeerküste oder auf den Seychellen erwischt, ist die Todeswahrscheinlichkeit aufgrund schlechterer medizinischer Versorgung sogar noch höher.

Aus Unwissenheit oder Verunsicherung verzichten manche Eltern auf die Masern- beziehungsweise MMRV-Impfung ihrer Kinder. Das hat in den vergangenen Jahren immer wieder zu regionalen Ausbrüchen geführt. In Gegenden, in denen die Impfquoten niedrig waren, kam es zu Hunderten von Krankheits- und auch einzelnen Todesfällen.

Hinzu kommen die teilweise tödlichen Spätwirkungen einer Maserninfektion. Sehr, sehr selten ist die subakute sklerosierende Panenzephalitis (SSPE), die erst Jahre nach der ursprünglichen Erkrankung auftreten kann. Doch so unwahrscheinlich sie auch sein mag, so qualvoll ist sie – und auch so tödlich.

Die Masern werden nur von Mensch zu Mensch übertragen. Deswegen könnte man sie durch die Immunisierung der Menschen ausrotten – ebenso wie das bei den Pocken gelungen ist und wie man es bei Polio anstrebt. Die WHO beschwert sich daher regelmäßig bei der Bundesregierung wegen der in Deutschland zu niedrigen Impfquoten. Der amerikanische Kontinent – von Süd bis Nord – war dank konsequenter Impfkampagnen offiziell masernfrei. Ist leider heute wegen gesunkener Impfquoten nicht mehr so.

Mumps

Mumps hat im Volksmund so lustige Namen wie Ziegenpeter oder Bauernwetzel. Und wer an Mumps denkt, sieht unwillkürlich ein Bild eines Jungen mit dicker Backe vor sich, dem ein dekorativer kühlender Verband um den Kopf geknotet wurde. Auch dies ein Fall von irreführender Krankheitsromantik.

Denn es gibt eine hübsche Liste von gar nicht so seltenen Komplikationen: Hirnhaut- oder Gehirnentzündung, Schwerhörigkeit. Knapp ein Drittel der Jungen, die Mumps bekommen, erleiden auch eine Hodenentzündung, die später oft Einschränkungen der Fruchtbarkeit zur Folge hat. Und die Backe wird dick, weil sich die Ohrspeicheldrüsen häufig entzünden. Das kann ziemlich schmerzhaft sein.

Mumps ist eine – ha, ha, ha! – lustige Kinderkrankheit –; bis man feststellt, dass man taub ist oder keine Kinder zeugen kann.

Bis in die Siebzigerjahre erkrankten in Mitteleuropa jährlich Hunderttausende Kinder, heute sind es – infolge der konsequenten Impfungen – nur noch ein paar Hundert. Aber die Zahlen sind europaweit in den vergangenen Jahren wieder gestiegen. Die Ansteckung erfolgt wie bei vielen Erkältungskrankheiten durch direkten Kontakt mit niesenden, hustenden, speichelnden Kindern, die selbst an Mumps erkrankt sind. Und durch Küssen. Das Fiese ist, dass jemand bereits das Mumpsvirus in sich trägt und verbreitet, wenn er selbst noch gar nicht erkrankt ist: Eine Woche vor und mindestens eine Woche nach Beginn der Erkrankung besteht Ansteckungsgefahr. Wer die Infektion durchgestanden hat, ist ein Leben lang immun, egal ob mit oder ohne Schädigung von Hirn und Hoden. Wer zweimal geimpft wurde, auch.

Röteln

Als wir 13 waren – das ist schon ein bisschen her – wurden die Mädchen aus unserer Klasse zum Schularzt geführt. Die Mädchen verschwanden gemeinsam in einem Klassenraum, wir Jungen warteten vor der Tür. Es gab viel Gekicher. Ganz klar war uns nicht, weshalb die Mädchen nun eine Impfung erhielten, wir aber nicht. Aber irgendwie ging es dabei entfernt auch um Sex und Kinderkriegen …

Das war Ende der Siebzigerjahre. Und es handelte sich um eine Impfung gegen Röteln. Die Impfung wurde 1974 eingeführt. Kleinkinder werden seitdem geimpft, aber unter den älteren Kindern und Jugendlichen gab es viele, die die

Krankheit nicht durchgemacht hatten und deswegen nicht immun waren.

Sicher mussten die Eltern dem auch damals zustimmen, denn eine Impfpflicht hatte in Westdeutschland nur gegen Pocken bestanden. Und auch in der DDR standen Röteln nicht auf der Pflichtliste – wohl auch, weil es den Impfstoff nicht in ausreichender Menge gab.

In Großbritannien spricht man noch heute manchmal von »German Measles«, deutschen Masern, wohl weil deutsche Ärzte sie erstmals wissenschaftlich beschrieben haben und weil die Krankheit meistens mit einem Hautausschlag verbunden ist, der dem Masernexanthem ähnelt. Und vermutlich auch, weil alles Unangenehme aus englischer Sicht im Zweifelsfall aus Germanien stammt.

Röteln sind jedenfalls keine sehr dramatische Krankheit. Die Virusinfektion verläuft meistens mit »milder Symptomatik«, wie das Robert Koch-Institut feststellt. Komplikationen – das übliche Programm von Bronchitis über Mittelohr- bis Gehirnentzündung – sind selten. Das Gefährliche an den Röteln ist die katastrophale Wirkung, die sie auf Kinder im Mutterleib haben können – vor allem und mit sehr hoher Wahrscheinlichkeit in der frühen Phase einer Schwangerschaft: Die konnatale Rötelnembryofetopathie zeigt sich mit Herzfehlern, Augenschäden, Taubheit und einer Reihe anderer unschöner, zum Teil für das Kind tödlicher Folgen.

Vor allem deswegen impft man gegen Röteln, und auch deswegen wurden damals die pubertierenden Mädchen geimpft. Heute impft man deswegen auch Jungen gegen die Krankheit (was auch damals schon sinnvoll gewesen wäre). Denn der beste Schutz für eine Schwangere, die aus irgendwelchen

Gründen keine Antikörper gegen das Rötelnvirus entwickelt hat, ist die Immunität ihrer Umgebung. Wenn alle Kontaktpersonen geschützt sind, findet das Virus keinen Weg zur Ungeschützten.

Das Bemühen um einen breiten Schutz ist sehr erfolgreich. In Deutschland gibt es kaum noch Fälle von Rötelnembryofetopathie – den letzten 2013. Und jährlich treten um die 20 einfache Krankheitsfälle auf. Allerdings nimmt man an, dass viele Fälle – obwohl gesetzlich vorgeschrieben – gar nicht gemeldet werden. In Österreich sieht es ähnlich aus, und in der Schweiz weist die eidgenössische Statistik ebenfalls nur einzelne Fälle aus.

Weltweit sind die Röteln deutlich zurückgegangen. Aber beispielsweise in Südostasien werden immer noch zahlreiche durch Röteln geschädigte Kinder geboren. Die WHO hat auch hier das Ziel ausgegeben, Röteln auszurotten. Das kann klappen, wenn alle mitmachen.

Windpocken und Gürtelrose

Bis zum Beginn dieses Jahrhunderts hatte buchstäblich jedes Kind Windpocken, auch »wilde«, »spitze« oder »Schafblattern« genannt. Na, jedenfalls fast jedes. Bis zum zwölften Geburtstag hatten 94 Prozent der Kinder eine Windpockeninfektion hinter sich. Es gab pro Jahr 750.000 Krankheitsfälle. Seit 2004 wird in Deutschland nun die Impfung im zweiten Lebensjahr empfohlen. Die Zahl der Erkrankungen – vor allem von Kleinkindern – ist seitdem sehr stark zurückgegangen. Seit 2014, als in Deutschland eine Meldepflicht für Windpocken eingeführt wurde, werden jährlich noch um die 25.000 Fälle registriert.

Auch in Österreich gilt diese Impfempfehlung gegen die »Feuchtblattern« – vor allem für Kinder, die einen Kindergarten besuchen sollen. In der Schweiz beschränkt sich die Impfempfehlung auf Kinder und Erwachsene im Alter zwischen elf und 39 Jahren, die die »spitzi Plaatere« bisher nicht durchgemacht haben.

Man sieht daran: Nicht überall werden die Windpocken – wissenschaftlich: Varizellen – gleich ernst genommen. Doch auch bei Windpocken gibt es zusätzlich zu Fieber und dem typischen Hautausschlag eine gewisse Tendenz zu Komplikationen – zu Superinfektionen beispielsweise, bei denen sich bakterielle Erreger sozusagen auf die Windpockeninfektion draufsetzen. Das kann zu Hals-, Mittelohr- oder Lungenentzündungen führen oder zu Entzündungen der Haut, die durch die Windpockenbläschen empfindlich geworden ist. Wie bei den anderen Kinderkrankheiten kann es zu Gehirnentzündungen mit Folgeerscheinungen wie körperlichen und geistigen Behinderungen kommen.

Aber – das muss man sagen – Windpocken sind erheblich weniger gefährlich als Masern. Nach Schätzungen sterben einer bis fünf von 100.000 Windpockenkranken – bei Masern ist es einer von 1000. Weniger beruhigend sind die Zahlen allerdings bei erwachsenen Kranken. Und ganz unangenehm ist die Sache für Frauen kurz vor oder nach einer Geburt. Die Wahrscheinlichkeit, eine Lungenentzündung zu bekommen und auch daran zu sterben, ist dann nämlich deutlich erhöht.

Dass die Krankheit bei Erwachsenen deutlich unangenehmer verlaufen kann, ist der Grund für die Empfehlung, eine Impfung auch in Jugend- und Erwachsenenjahren nachzuholen. Und auch hier gilt wieder: Wer geimpft ist, schützt nicht nur sich, sondern auch ungeimpfte Mitmenschen – beispielsweise Schwangere, die weder geimpft wurden noch die Windpocken jemals durchlebt haben.

Und, es gibt einen weiteren guten Grund, Kinder gegen Varizellen zu impfen: Wer geschützt ist und deswegen keine Varizelleninfektion erleidet, erkrankt im Alter auch nicht an der Gürtelrose (*Herpes zoster*).

Denn beide Krankheiten werden durch dasselbe Virus, das Varizella-Zoster-Virus, hervorgerufen. Wer irgendwann einmal Windpocken hatte, trägt in der Regel lebenslang das Virus in sich, das sich in Nervenzellen einnistet und dort ruht (ähnlich wie das Hepatitisvirus in den Leberzellen). Aber unter Stress oder weil das Immunsystem aus anderen Gründen geschwächt ist, poppen die Viren wieder auf. Nur diesmal gibt's keine Windpocken – gegen die ist man ja geschützt, wenn man sie einmal hatte –, sondern eben Gürtel- oder Gesichtsrose. Das kann sehr lästig und schmerzhaft sein, weil sich Nerven entzünden.

Die Ständige Impfkommission in Deutschland empfiehlt seit Ende 2018 allen Personen über 60 eine Impfung mit einem neuen Impfstoff gegen *Herpes zoster* (»Herpes zoster-subunit-Totimpfstoff«). In der Schweiz gilt diese Empfehlung ab 65, in Österreich schon ab 50. Der Impfstoff ist laut STIKO sehr wirksam und sicher. Aktuell erkranken in Deutschland jährlich rund 300.000 Menschen an Gürtelrose, immerhin fünf Prozent von ihnen entwickeln eine sogenannte postherpische Neuralgie – einen Nervenschmerz, der auch nach Abheilen der Zosterbläschen wochen-, monate- oder sogar jahrelang anhalten kann.

Zehn Krankheiten, gegen die man sich durch Sechsfach- und Vierfachimpfungen schützen kann, kennen wir jetzt. Und wir haben gesehen, wie unangenehm bis lebensbedrohlich auch die sogenannten Kinderkrankheiten werden können. Auf der Liste der Ständigen Impfkommission stehen aber noch fünf weitere Empfehlungen, von denen drei (Pneumokokken, Rotaviren, Meningokokken) vor allem Säuglinge betreffen, eine (HPV) Kinder und Jugendliche und eine (Grippe) ältere und alte Menschen.

Bei diesen Impfungen, die wir abschließend vorstellen, ist die Lage nicht so übersichtlich wie bei den zuvor behandelten. Man kann die Krankheiten nicht ausrotten wie Polio, Keuchhusten, Masern oder Röteln. Man hat nicht so klare Erfolge wie bei Diphtherie oder Hib, wo sehr gefährliche Krankheiten fast zum Verschwinden gebracht wurden.

Bei Pneumokokken, Rotaviren und Meningokokken sind die Impferfolge nicht so schlagend oder die Bedrohung nicht so gravierend. Die Impfempfehlungen werden auch unter seriösen Wissenschaftlern, die sonst Impfungen grundsätzlich befürworten, kontrovers diskutiert.

Und Grippe ist sowieso ein Sonderthema, weil wir es hier mit Viren zu tun haben, die von Jahr zu Jahr in immer neuen Typen auftauchen, von denen die meisten für gesunde, erwachsene Menschen nicht sehr gefährlich sind, manche dann aber plötzlich als Bedrohungen für die gesamte Menschheit angesehen werden müssen. Sehen wir uns die fünf Krankheiten also im Einzelnen an.

Pneumokokken

Pneumokokken sind niedliche kleine Keime, die paarweise auftreten. Sie gehören zu den Streptokokken. Zu dieser weitläufigen Gattung gehören – sehr unwissenschaftlich gesagt – »liebe« Bakterien, die uns beim Joghurt- oder Sauerkrautmachen helfen. Und es gibt »böse« Vertreter, die Karies oder Mittelohrentzündung hervorrufen. Die Pneumokokken – ihr korrekter Artname lautet *Streptococcus pneumoniae* – gehören eher zu den bösen, obwohl sie die meiste Zeit irgendwo rumhängen, im Hals von Kleinkindern zum Beispiel, und nicht viel Ärger machen.

Aber manchmal machen sie doch Ärger. Wovon das abhängt, ist noch nicht so richtig klar. Jedenfalls finden sich Pneumokokken bei vielen Hals-, Mittelohr- und Lungenentzündungen (Pneumonien). Solche Fälle sind ziemlich häufig. Sehr viel seltener, aber richtig unangenehm sind die *invasiven* Pneumokokkenerkrankungen. Dabei dringen die Bakterien in die Blutbahn ein und können dabei den gesamten Körper lebensgefährlich infizieren (Sepsis) oder eine Hirnhautentzündung verursachen (Meningitis). Eine Pneumokokkenmeningitis führt bei Kindern in einem von zehn Fällen zum Tod. Sie kann aber auch Entwicklungsstörungen, geistige oder körperliche Behinderungen wie Schwerhörigkeit oder Taubheit verursachen.

Säuglinge werden heute routinemäßig im ersten Lebensjahr dreimal gegen Pneumokokken geimpft. Seit diese Impfempfehlung besteht, ist die Zahl der schweren Pneumokokkenerkrankungen in Deutschland zurückgegangen. Die Zahlen sind allerdings ungenau, weil in Deutschland ebenso wie in Österreich keine Meldepflicht besteht. In Deutschland wird in vielen Fällen gar nicht ermittelt, welcher Erreger eine Lungenentzündung verursacht hat. Es gibt ein Antibiotikum zur Behandlung der Erkrankung – und fertig. Bei Hirnhautentzündungen liegt die Sache anders. Hier wird in der Regel genau geguckt, welcher Erreger die Meningitis verursacht hat.

In der Schweiz besteht hingegen eine Meldepflicht für invasive Pneumokokkenerkrankungen. Und hier ist ein klarer Rückgang der Krankheitsfälle bei unter Zweijährigen zu beobachten, seit die Impfung 2005 empfohlen wurde.

Allerdings gibt es Hinweise darauf, dass der positive Effekt der Impfungen nicht unvermindert anhält. Der Impfstoff wirkt nämlich nicht gegen alle Stämme der Pneumokokken (von denen es mehr als 90 sogenannte Serotypen gibt). Und möglicherweise treten andere Typen an die Stelle derjenigen, die durch die Impfungen zurückgedrängt werden. Sie springen gewissermaßen in die ökologische Nische, die im Rachen von Säuglingen frei wird.

Dieses mögliche *Replacement* ist ein Problem, das im Zusammenhang mit Impferfolgen immer wieder auftauchen kann. Die STIKO macht in ihren Empfehlungen auf diesen möglichen Effekt aufmerksam. Die Experten vom Streptokokkenreferenzzentrum am Uniklinikum Aachen sagen, dass irgendwann die Notwendigkeit bestehen könnte, einen Impfstoff zu entwickeln, der gegen alle Pneumokokkenserotypen wirkt.

Unterm Strich lässt sich festhalten: Gegenwärtig verringert die Pneumokokkenimpfung das Risiko einer schweren Infektion bei Säuglingen und Kleinkindern deutlich. Und das spricht klar für die Impfung.

Die Zahl der schweren Lungenentzündungen durch Pneumokokken ist übrigens bei alten Menschen sehr viel höher als bei Babys und Kleinkindern. Die STIKO empfiehlt die Impfung deswegen ab dem 60. Lebensjahr (allerdings mit einem anderen Impfstoff als dem für Säuglinge). Ähnlich ist es in Österreich. Die Schweizer haben ihre frühere Empfehlung hingegen aufgehoben, weil Zweifel an der Wirksamkeit dieses Impfstoffes für Menschen über 60 bestehen.

Rotaviren

Wer auf Viren steht, wird von Rotaviren begeistert sein. Eine komplexe, dreischichtige Hülle, die unterm Tunnelelektronenmikroskop einfach toll aussieht. Eine irre Effizienz – zehn von den winzigen Teilchen reichen für eine Infektion aus, und dann finden sich im Kot eines Kranken pro Gramm zwischen 100 Millionen und zehn Milliarden neue Viren.

Vor allem aber sind die kleinen radförmigen Dinger (vom lateinischen *rota* für Rad) wirklich sehr, sehr erfolgreich. So gut wie jedes Kind hat bis zum Alter von drei Jahren eine Rotavireninfektion durchgemacht. Manche merken nichts davon, viele schon.

Rotaviren sind auf der Welt die häufigsten Erreger von Durchfällen im Säuglings- und Kleinkindalter. Ältere Kinder und Erwachsene leiden dagegen selten unter Rotaviren. Alte Menschen sind wieder häufiger betroffen, aber auch sehr viel seltener als Säuglinge.

Die WHO schätzt auf der Basis epidemiologischer Studien, dass 2013 mehr als 200.000 Kinder an den Folgen einer Rotavireninfektion gestorben sind. Im Jahr 2000 – ehe das weltweite Impfprogramm startete – waren es noch mehr als doppelt so viele. Am schwersten betroffen sind viele afrikanische Länder, aber auch Afghanistan, Pakistan und Laos.

Die meisten Kinder sterben an Dehydrierung infolge der schweren Durchfälle.

Die Rotavirenimpfung ist in Deutschland und Österreich die erste Impfung, mit der Kinder (und ihre jungen Eltern) in ihrem Leben in Berührung kommen. Damit sich ein Erfolg einstellt, soll man nämlich Babys mit sechs Wochen zum ersten Mal impfen. Und die – je nach Impfstoff – zwei- beziehungsweise dreistufige Impfung sollte im Alter von 16 beziehungsweise 22 Wochen abgeschlossen sein.

Weil es eine Schluckimpfung ist und das Kind daher nicht mit einer Spritze gepikst werden muss, kommt es einem beim Kinderarzt trotz des frühen Zeitpunkts allerdings nicht so gruselig vor.

Der Erfolg der Impfungen ist deutlich. Seit 2006 sind Impfstoffe in Europa zugelassen, seit 2008 sinken die Erkrankungszahlen weltweit, seit 2013 ist die Impfung in Deutschland ebenso wie in Österreich empfohlen. Die Zahl der Kinder, die wegen einer Rotavireninfektion im Krankenhaus behandelt werden mussten, ist deutlich zurückgegangen. In Österreich nach Angaben des Gesundheitsministeriums um 90 Prozent. Todesfälle wegen Rotaviren gibt es praktisch nur noch bei alten und sehr alten Menschen.

Die Impfung gegen Rotaviren ist allerdings nicht Teil des Schweizerischen Impfplanes. Die Eidgenössische Kommission für Impffragen empfiehlt sie zwar als ergänzende Impfung für Säuglinge, sie wird aber von der Obligatorischen Krankenpflegeversicherung nicht bezahlt. Und was von der Obligatorischen nicht bezahlt wird, steht nicht im Impfplan. Das widerspräche sonst dem Grundsatz der Zugangsgerechtigkeit.

2008 hat man festgestellt, dass in der Schweiz Kinder nicht

an Rotaviren sterben und nur selten deswegen ins Spital müssen. Also hat man gerechnet: Eine Impfung kostete damals 216 Schweizer Franken, brachte aber nur Einsparungen in Höhe von 48 Franken. Dem Eidgenossen reicht diese Kosteneffektivität nicht.

Die Schweizer haben zwar wirtschaftliche Bedenken, aber sonst spricht doch eigentlich alles für eine Impfung gegen Rotaviren. Doch dann kommen die sonst sehr impffreudigen Franzosen und streichen die Rotavirenimpfung wieder aus ihrem Katalog! Wieso das?

In Frankreich war es zuvor zu zwei Fällen gekommen, in denen Kinder einen tödlichen Darmverschluss infolge einer sogenannten Invagination erlitten hatten. Diese Art von Darmverschlüssen kommt bei Säuglingen selten vor. Man nimmt an, dass virale Darminfektionen ein Auslöser dafür sind. Allem Anschein nach kann diese Komplikation auch durch das Impfvirus verursacht werden. Jedenfalls folgte die Invagination in den beiden französischen Fällen auf eine Rotavirenimpfung.

Die Experten von der STIKO und vom Paul-Ehrlich-Institut haben wegen eines möglicherweise leicht erhöhten Risikos keine Notwendigkeit gesehen, ihre Rotavirenimpfempfehlung zurückzunehmen. Sie weisen nur darauf hin, dass man die Regeln einhalten sollte: mit sechs Wochen beginnen, mit spätestens 22 Wochen abschließen. Denn das Risiko einer Invagination steigt mit dem Lebensalter der Kinder.

Meningokokken C

Wir sind schon ein paarmal dem Stichwort Hirnhautentzündung begegnet. Bei einer Reihe von Kinderkrankheiten droht eine Meningitis als Komplikation einer an sich nicht lebensgefährlichen Infektion: bei Masern, Mumps, Röteln, Windpocken, Hib und Pneumokokken zum Beispiel. Das ist immer übel, weil das Risiko einer geistigen und körperlichen Behinderung besteht, wenn ein Kind eine Meningitis erleidet.

Und es kommt auch zu Todesfällen. Oft geht es nur um Stunden. Wenn eine Meningitis nicht rechtzeitig erkannt und mit Antibiotika behandelt wird, sinken die Chancen auf Heilung ohne schwerwiegende Folgen rapide.

Bei den Meningokokken haben wir es nun mit einem Erreger zu tun, der sich auf diese Krankheit gewissermaßen spezialisiert hat: Hier ist die Hirnhautentzündung nicht die Komplikation einer anderen Erkrankung, sondern die Krankheit selbst.

Meningokokken sind an sich wieder so niedliche Doppelkokken wie die Pneumos, also paarweise auftretende Kugelbakterien. Und ebenso wie die Pneumokokken in Wirklichkeit Streptokokken (*Streptococcus pneumonia*) heißen, firmieren die Meningokokken heute offiziell unter dem Namen *Neisseria meningitidis*. Ob nun unter diesem oder jenem Namen – unstrittig ist, dass eine Meningokokkenmeningitis eine ernste und traurige Angelegenheit ist. Gerade wenn sie Kinder trifft.

Dann wird es aber leider kompliziert. Denn bei der Meningokokkenimpfung ist die Lage etwas unübersichtlich. Es gibt bei uns im Wesentlichen zwei Serotypen: Meningokokken B und C. Wir lassen der Einfachheit halber mal A, E, W und Y weg, weil die in Mitteleuropa sehr selten bis extrem selten vorkommen. Die meisten Fälle von Meningokokkenmeningitis werden heute vom Typ B verursacht. In Deutschland sind dies in den vergangenen Jahren jeweils zwischen 140 und 200 Fälle. Typ-C-Fälle traten nur zwischen 40 und 50 pro Jahr auf.

Das liegt auch daran, dass die Impfung gegen Meningokokken C ganz schön erfolgreich ist. Sie ist in Deutschland seit 2001 verfügbar, und seit 2006 wird die Impfung für Kinder im Alter zwischen ein und zwei Jahren empfohlen. Das hat die Krankheitszahlen auch ordentlich gedrückt: 137 Fälle wurden 2006 gemeldet, 39 waren es 2017. Die Ausbreitung der hochansteckenden Krankheit wird erschwert – es gibt einen Herdenschutz.

Krankheitsfälle, die durch Meningokokken B hervorgerufen wurden, waren schon vor 2006 häufiger als die C-Fälle. Aber damals gab es noch keinen in Europa zugelassenen Impfstoff gegen den B-Typ. Das liegt daran, dass die Entwicklung eines Impfstoffes für diese Erreger komplizierter war und man damals noch nicht wusste, wie es ging. Es geht hier im einen Fall um Oberflächenproteine, im anderen um Polysaccharidkapseln. Die Details sparen wir uns.

Inzwischen, seit 2017, gibt es jedenfalls auch einen Impfstoff gegen Meningokokken B. Der ist allerdings sehr teuer. Die STIKO formuliert sehr dezent: »Die Nutzen-Risiko-Abwägung bei diesen Impfstoffen stellt eine besondere Herausforderung dar.« Kriegen wir nicht durch, heißt das wohl.

Also gibt es bisher keine STIKO-Empfehlung für den B-Impfstoff – jedenfalls nicht für alle, sondern nur für Risikogruppen. Und das hat auch damit zu tun, dass die Zahl der B-Fälle auch ohne Impfung zurückgeht. Besonders stark bei den statistisch am meisten betroffenen Säuglingen. Warum das so ist, weiß man nicht.

Die STIKO will außerdem noch weitere Untersuchungen zur Wirksamkeit des Impfstoffes abwarten. Sie führt als Argument für ihre Zurückhaltung außerdem an, dass der Impfkalender schon ziemlich voll ist. Eine zusätzliche Impfung gegen Meningokokken B könnte dazu führen, dass Säuglinge pro Arztbesuch drei verschiedene Spritzen bekommen müssten. Die STIKO fürchtet eine »geringe Akzeptanz«.

In Österreich wird die Impfung hingegen ab dem zweiten Lebensmonat empfohlen, ist aber nicht im kostenfreien Impfprogramm enthalten und muss daher selbst bezahlt werden. In der Schweiz gilt die Empfehlung für Zweijährige. Beide Länder empfehlen außerdem eine Impfung aller Schulkinder im Alter zwischen zehn und 13 (Österreich) beziehungsweise elf bis 14 (Schweiz) mit einem Impfstoff, der gegen Meningitis A, C, W135 und Y wirkt.

Humane Papillomviren (HPV)

Die Sache mit der HPV-Impfung ist auch ein bisschen unübersichtlich. Das hat mehrere Gründe. Erstens wird die Impfung erst seit 2007 empfohlen – kurz nachdem der Impfstoff entwickelt worden war. Und zweitens soll die Impfung gegen eine Infektion schützen, die zunächst relativ harmlos ist, aber Jahrzehnte später zu einer Krebserkrankung führen *kann*. Und da liegt es in der Natur der Sache, dass sich die Wirksamkeit der Impfung zwar einigermaßen abschätzen, aber nur etwas holprig statistisch nachweisen lässt. Deswegen ist die Empfehlung der STIKO bisher nur so mittel erfolgreich. Und das ist bedauerlich.

Das Humane Papillomvirus ist wieder so ein perfekter geometrischer Proteinkörper, den man leider (oder glücklicherweise) nur unter dem Elektronenmikroskop sehen kann. Er beherbergt einen verknäulten DNA-Strang. Eine Infektion kann völlig ohne Symptome verlaufen. Sie kann aber auch ziemlich lästige Krankheiten hervorrufen, über die man nicht gerne spricht: Genital- und Analwarzen. Das Virus kann durch jede Art von Geschlechtsverkehr übertragen werden.

Leider bleibt es manchmal nicht bei Warzen, die in der Regel wirklich nicht hübsch, ziemlich unangenehm, aber nicht gefährlich sind. Der deutsche Mediziner Harald zur Hausen erhielt 2008 den Nobelpreis, weil er nachgewiesen hatte, dass bei den meisten Fällen von Gebärmutterhalskrebs Humane Papillomviren beteiligt sind. Auch in den Krebsvorstufen ist das HPV zu finden. Inzwischen gibt es Erkenntnisse, dass HPV bei der Entstehung von Gebärmutterhalskrebs praktisch *immer* im Spiel ist.

Ein guter Grund also, die Sache ernst zu nehmen. Denn Gebärmutterhalskrebs ist zwar deutlich seltener als Brust- oder Lungenkrebs, gehört aber immer noch zu den häufigsten Krebsarten bei Frauen und damit auch zu den häufigsten Todesursachen. In den vergangenen Jahren erkrankten in Deutschland pro Jahr trotz des verbreiteten Screenings bei den Frauenärztinnen und Frauenärzten rund 4500 Frauen an Gebärmutterhalskrebs – eine von 10.000. Und etwa 1500 Frauen sterben pro Jahr daran.

Soweit erscheint die Sinnhaftigkeit der Impfung unstrittig. Doch einige Zeit nachdem die STIKO eine HPV-Impfung für Mädchen empfohlen hatte, stellte eine Gruppe von Wissenschaftlern die Wirksamkeit der damals eingesetzten

Impfstoffe infrage. Sie bemängelte, dass die Zulassungsstudien für die Impfstoffe methodisch zweifelhaft gewesen seien und die vorgelegten Ergebnisse keine statistisch abgesicherte Wirksamkeit nachgewiesen hätten. Jedenfalls keine, die die Impfung und die damit verbundenen Kosten rechtfertigten.

Die STIKO hielt jedoch an ihrer Empfehlung fest und hat diese, ebenso wie ihre österreichische Schwesterkommission, inzwischen sogar auf Jungen erweitert. In der Schweiz gilt die Empfehlung weiter nur für Mädchen und junge Frauen.

Robert Koch-Institut und Paul-Ehrlich-Institut zeigen sich von der Wirksamkeit der Impfungen überzeugt. Sie machen darauf aufmerksam, dass der Erfolg eines Impfstoffs auch in klinischen Studien schwer nachzuweisen ist, wenn die Erkrankung – der Gebärmutterhalskrebs – erst 20 bis 30 Jahre nach einer Infektion mit dem Virus auftritt. Das Durchschnittsalter der Frauen, bei denen der Krebs diagnostiziert wird, ist 53, das der Frauen, die an Gebärmutterhalskrebs sterben, 66. Die Infektion mit dem HP-Virus hat aber in der Regel bereits mit Anfang 20 stattgefunden.

Es geht also um eine Vorbeugung gegen ein Ereignis, das erst vier Jahrzehnte *nach* der Impfung eines neunjährigen Kindes eintreten *könnte*. Das überzeugt nicht jeden, auch wenn das Ereignis potenziell tödlich ist. Es kommt hinzu, dass die Impfung zwar eine HPV-Infektion verhindert – diese Wirksamkeit bezieht sich aber nur auf die HPV-Stämme, gegen die der Impfstoff gerichtet ist. Zwei Impfstoffe sind auf dem Markt: Einer wirkt gegen zwei der Virusstämme, die allerdings 70 Prozent der Krebsfälle verursachen. Der andere richtet sich inzwischen gegen neun der krebserregenden HPV-Stämme.

Man sieht: Die Sache klingt kompliziert. Irgendwie uneindeutig. Und das ist wohl auch der Grund dafür, dass nach aktuellen Erkenntnissen nicht mal die Hälfte der Mädchen, die seit der ersten STIKO-Empfehlung für eine Impfung infrage kamen, tatsächlich geimpft worden ist. Das ist unbefriedigend – zumal außer der verbreiteten Verwirrung nichts gegen die Impfung spricht, aber sehr viel dafür. Nicht zuletzt auch wieder begegnet uns hier die gute alte Herdenimmunität. Wer rechtzeitig geimpft ist, überträgt erst gar keine Viren. Und spätestens an dieser Stelle kommen dann auch die Jungen ins Spiel. Sie werden durch eine HPV-Impfung selbst besser gegen Genitalwarzen und den (ziemlich seltenen) Peniskrebs geschützt. Vor allem aber infizieren sie mit ihren HP-Viren später nicht ihre Freundinnen, Freunde, Frauen und Partner.

Die STIKO und die österreichische Impfkommission empfehlen eine zweimalige Impfung im Alter zwischen neun und 14 Jahren. Es geht darum, Mädchen und Jungen zu impfen, die noch keinen Sex hatten. Denn dann kann man ziemlich sicher sein, dass sie noch nicht mit dem HP-Virus infiziert sind. Sobald man anfängt mit dem Sex, ist eine Infektion nämlich ziemlich wahrscheinlich. Und dann schützt eine nachträgliche Impfung unter Umständen nicht mehr. Das ist der Grund, weshalb es keine Impfempfehlung für Erwachsene gibt.

Eine Impfung von Erwachsenen ist aber möglich und muss nicht sinnlos sein, weil niemand so genau weiß, ob er infiziert ist, und wenn, mit welchen Virenstämmen. Wer wenig oder keinen Sex hatte, aber vorhat, irgendwann doch noch welchen zu haben, kann auch als Erwachsener mit einer Impfung sein HPV-Infektionsrisiko senken.

Influenza (Grippe)

Im Impfkalender der STIKO steht auch die Grippeschutzimpfung. Sie hat hier allerdings eine Sonderstellung, weil sie die einzige Standardimpfung (außer der schon erwähnten gegen die Gürtelrose *Herpes zoster*) ist, die ausschließlich Erwachsenen, genau gesagt Erwachsenen über 60 empfohlen wird. In der Schweiz steht sie für über 65-Jährige auf dem Programm.

In Österreich ist es anders: Dort wird die Grippeimpfung ausdrücklich allen Menschen, die älter als sechs Monate sind, empfohlen. Allerdings ist sie nicht Teil des kostenfreien Impfprogramms und muss daher selbst oder durch den Arbeitgeber bezahlt werden. Im Impfplan heißt es, die Influenza verursache in Österreich jedes Jahr bis zu 1000 Todesfälle, »darunter auch Todesfälle bei zuvor vollkommen gesunden Kindern«. Deswegen sei es notwendig, die Durchimpfungsraten deutlich zu erhöhen.

Die STIKO beschränkt ihre Empfehlung, wie gesagt, auf die Ü60, rät aber keineswegs davon ab, auch Menschen anderer Altersgruppen gegen die saisonale Influenza zu impfen. Und eine Menge Erwachsene nehmen diesen Schutz auch in Anspruch. In vielen Firmen oder Institutionen wird im Herbst eine betriebsärztliche Impfung angeboten. Das hat natürlich vor allem wirtschaftliche Gründe. Eine Impfung ist in der Regel billiger als der tage- oder wochenlange Ausfall zahlreicher Mitarbeiter wegen einer Grippewelle. In den USA wird die Grippeimpfung wie in Österreich auch für Kleinkinder ausdrücklich empfohlen.

Nach Schätzungen der Weltgesundheitsorganisation erkranken jedes Jahr ein bis zwei Zehntel der Weltbevölkerung an Grippe – das wären zwischen 750 Millionen und anderthalb Milliarden Menschen. Drei bis fünf Millionen davon sind schwer krank, 290.000 bis 650.000 sterben an einer Erkrankung der Atemwege, beispielsweise einer Lungenentzündung, die von einer Influenza herrührt. Und da sind diejenigen noch nicht mitgezählt, die die Grippe dahinrafft, weil sie beispielsweise schon an einer Herzerkrankung oder Diabetes litten. Das alles erinnert uns an Covid-19 – mit dem Unterschied, dass die Todeszahlen viel, viel höher liegen. Covid verläuft häufiger tödlich, und es traf auf eine Bevölkerung ohne Immunität.

Das Robert Koch-Institut sagt, in Deutschland erkranken während einer saisonalen Grippewelle zwischen zwei und zehn Millionen Menschen. »Bisweilen auch mehr«, fügen die Public-Health-Leute hinzu. Das ist eine ganze Menge. In der heftigen Saison 2016/17 gab es nach der RKI-Schätzung knapp 23.000 Todesfälle. Ein Jahr später waren es wahrscheinlich noch mehr.

Allein in Berlin soll es zu 1100 sogenannten Exzesstodesfällen gekommen sein. Wir haben diesen Gruselausdruck in der Coronazeit häufiger gehört als uns lieb ist. Mit ihm beschreiben Krankheitsstatistiker, dass es durch eine Krankheit zu zusätzlichen Todesfällen kommt, die es ohne die Krankheit nicht gegeben hätte. Gestorben wird immer, aber eben nicht notwendigerweise direkt an der Influenza.

Ein Wort zu diesen Grippestatistiken: Solche Zahlen klingen immer etwas wackelig. Das sind sie auch, weil niemand sicher sagen kann, wie viele Grippekranke es gibt. Sehr viele, die plötzlich über hohes Fieber, Muskel- oder Kopfschmerzen und Erkältungssymptome klagen, gehen gar nicht zum Arzt, sondern legen sich einfach ins Bett, schlucken

Paracetamol und ziehen sich die Decke über den Kopf. Das gilt erst recht, wenn gar kein Arzt in der Nähe ist. Und wenn es nicht schlimmer wird, ist das ohnehin so ziemlich das Einzige, was man tun kann. Tee trinken und abwarten, bis das Virus niedergerungen ist.

Außerdem ist bekanntlich nicht jede fiebrige Erkältung eine echte Grippe. Bei denen, die jammernd, schwitzend, bibbernd, trocken hustend und mit laufender Nase zum Arzt gehen, wurde meistens – jedenfalls in Vor-Corona-Zeiten – kein Virustest durchgeführt. Und selbst wenn: Es gibt keine Meldepflicht. Deswegen muss man auf Basis der unvollkommenen Datenlage schätzen und hochrechnen, und am Ende kommt irgendwas dabei heraus, von dem immer jemand behaupten kann, es stimme nicht: »Das Gripperisiko wird total übertrieben! Die Impfmafia will nur mit unserer Angst ihr Milliardengeschäft machen!« – »Das Gripperisiko wird vollkommen unterschätzt! Es droht eine Pandemie, und wir sind nicht vorbereitet!« Sie sehen, mit all diesen lustigen Fragen haben wir uns auch schon vor Covid-19 amüsiert.

So ist das mit Statistiken. Aber natürlich bauen die Krankheitsstatistiker auf jahrzehntelange Erfahrung. Sie versuchen, ihre Zahlen durch Stichproben abzusichern, vergleichen mit Erkenntnissen aus anderen Ländern und vieles mehr. Was das Robert Koch-Institut dann veröffentlicht, ist jedenfalls nicht aus der Luft gegriffen.

Zurück zur Grippe: Influenza A, Influenza B, C gibt es auch noch, H1N1, H3N2, H5N8, Michigan, Phuket, Victoria und Yamagata, Vogel- und Schweinegrippe … Grippe ist wirklich nicht gleich Grippe. Es gibt viele verschiedene Varianten dieses Virus. Manche treten jahrelang nicht auf. Andere verändern sich plötzlich, weil die Mutationsrate sehr hoch ist. Wieder andere tauchen ab, eben weil die Impfungen gegen sie sehr erfolgreich sind. Dafür treten dann andere Varianten vermehrt auf. Oder zwei Viren, die sich in einer Ihrer Körperzellen treffen, tauschen munter Erbmaterial untereinander aus und gehen in ganz neuem Styling an den Start. Das macht das Impfen beziehungsweise die Entwicklung eines Impfstoffes nicht einfacher. Und das ist auch ein Grund, weshalb die Grippeschutzimpfung jedes Jahr fällig ist – es gibt immer was Neues.

Für die WHO ist es Jahr für Jahr eine knifflige Angelegenheit, eine Empfehlung für die Zusammensetzung der Impfstoffe abzugeben. Ihr Kampf gegen die Grippe ist ein ständiger Wettlauf mit der Veränderungsfähigkeit des Virus. Und die Zeit ist immer knapp, denn die Herstellung Hunderter Millionen Impfdosen dauert Monate. Eine halbe Milliarde Hühnereier muss dafür mit Viren infiziert und bebrütet werden. Deswegen muss die Entscheidung fallen, lange bevor die nächste Grippewelle begonnen hat und man genau wissen kann, welche Virustypen in der neuen Saison tatsächlich an den Start gehen. Manchmal haut die WHO daher ziemlich daneben.

2017 haben sich zwar die Impfstoffhersteller an die WHO-Empfehlung gehalten, nur die Viren eben nicht. In Mitteleuropa erkrankten in der Saison 2017/18 die meisten Menschen an Influenza B. Das Virus gehörte der Yamagata-Linie an. Klingt wie ein japanischer Hochgeschwindigkeitszug, ist aber nur der Name der Stadt, in der dieser Virustyp erstmals nachgewiesen wurde. Dummerweise war im Standardimpfstoff keine Yamagata-Komponente enthalten, sondern nur eine gegen die Victoria-Linie. Deshalb rauschte die Infektionswelle durch die Bevölkerung wie ein Shinkansen mit

300 Stundenkilometern. Das heißt, es erkrankten auch viele an Grippe, die eigentlich dagegen geimpft waren. Das ist natürlich Mist und fördert nicht gerade die Impfbereitschaft.

Die Geschichte mit der Impfung gegen die Schweinegrippe 2009 war auch nicht so toll. Die WHO hatte eine Pandemiewarnung der höchsten Stufe ausgerufen, weil es Hinweise darauf gab, dass der neue Grippevirussubtyp A/California/7/2009 (H1N1) weltweit sehr viel Ärger machen könnte. In sehr kurzer Zeit musste sehr viel Impfstoff produziert werden. Inzwischen gilt als sicher, dass einer der eingesetzten Impfstoffe (Pandemrix) unter ungünstigen Umständen zu Fällen von Narkolepsie, der Schlafkrankheit, geführt hat. Auch das hat die Akzeptanz von Impfungen, besonders von Grippeimpfungen, nicht erhöht. Wir behandeln diesen Impfschaden noch ausführlich im achten Kapitel.

Da ist es wieder: Das Risiko wird wahlweise übertrieben oder unterschätzt. Wie ernst es tatsächlich war, weiß man leider immer erst hinterher.

Auf der anderen Seite hat sich neben der galoppierenden Entwertung der Reichsmark auch die Spanische Grippe im kollektiven Menschheitsgedächtnis festgesetzt. Zwischen 1918 und 1921 starben verschiedenen Schätzungen zufolge weltweit zwischen 25 und 100 Millionen Menschen an einem H1N1-Virus – 350.000 in Deutschland, knapp 25.000 in der Schweiz, eine ähnliche Opferzahl in Österreich. Wir sollten uns in diesem Zusammenhang also einen gewissen Hang zur Hysterie nachsehen. Aus nachvollziehbaren Gründen haben die Verantwortlichen für Public Health das Bedürfnis, ein solches Massensterben beim nächsten Mal zu verhindern. 2009 führte dieses Bemühen allerdings vor allem dazu, dass am Ende allein in Deutschland 29 Millionen Schweinegrippeimpfdosen ungenutzt blieben – Kosten: knapp 240 Millionen Euro.

Die Grippeimpfung ist aber nicht nur aufgrund möglicher Fehlschläge umstritten. Auch Ärzte sind sich wegen der schwankenden Wirksamkeit nicht einig. Man kann die Sache aber auch andersherum betrachten: Die Effektivität eines Impfstoffs mag in einer Saison nicht besonders hoch sein – die Wahrscheinlichkeit, an Grippe zu erkranken, ist in der Regel immer noch deutlich niedriger, als wenn man nicht geimpft ist.

Inzwischen wird ein Impfstoff eingesetzt, der gegen vier Subtypen wirkt – auch gegen zwei Influenza-B-Varianten. Und es gibt Hinweise darauf, dass man auch dann besser gegen eine Infektion geschützt ist, wenn man gegen die »falsche« Viruslinie geimpft ist. Das nennt man dann *Kreuzprotektion*. Ein Victoria-Impfstoff wirkt möglicherweise auch ein bisschen gegen Yamagata, weil die Viren und damit auch ihre Antikörper ähnlich sind. Allerdings ist nicht geklärt, ob dieser Schutz tatsächlich von einer aktuellen Impfung herrührt oder vielleicht von einer früheren Impfung gegen die »richtige« Viruslinie. Oder weil man früher mal eine Grippe überstanden hat, die durch diesen Virustyp hervorgerufen wurde. Auch die STIKO spricht davon, dass die Lage hier etwas »unklar« sei.

Und das gilt auch für einen Hinweis, der bei Informationen zu Grippeimpfungen immer wieder zu finden ist. Dass nämlich eine Grippe, die man trotz Impfung bekommt, »einen milderen Verlauf« nimmt. Das kann sein – vielleicht auch nicht. Möglicherweise beobachten Ärzte dieses Phänomen in ihrer Praxis – wirklich nachgewiesen ist der Effekt nicht.

Ja, es ist wahr: Ein ansonsten gesunder Mensch stirbt nicht an einer gewöhnlichen Grippe. Deswegen bezieht sich die Impfempfehlung auch nur auf Personen mit möglicherweise eingeschränkter Immunabwehr (ab 65 Jahren und bei chronischen Erkrankungen). Was alle anderen mit der Impfmöglichkeit machen, ist eigene Ermessenssache – immerhin kann man durchaus zwei Wochen lang ziemlich ausgeknockt sein. Ein befreundeter Kinderarzt (der standardmäßig auch alle seine Patienten unter zwei Jahren impft) sagt schlicht: »Ihr müsst euch nicht gegen Grippe impfen lassen. Mir ist es egal. Aber kommt dann nicht mit 40 Fieber hier an und jammert.«

ACHTES KAPITEL,

in dem wir mögliche Komplikationen und Nebenwirkungen von Impfungen betrachten und uns ansehen, an welcher Stelle im Impfgeschäft die Pharmaindustrie vielleicht doch nicht so ganz im Interesse der Patienten handelt.

Die Eidgenössische Kommission für Impffragen formuliert es so: »Eine Impfung wird nur empfohlen, wenn der Nutzen durch verhinderte Krankheiten und deren Komplikationen die mit den Impfungen verbundenen Risiken in jedem Fall um ein Vielfaches übertrifft.« Und es stimmt: Impfen ist mit Risiken verbunden. Diese lassen sich verringern, indem der impfende Arzt die üblichen Gründe gegen eine Impfung beachtet, die sogenannten Kontraindikationen: keine Lebendimpfung bei Fieber oder bei einer Schwächung des Immunsystems – etwa durch eine chronische Behandlung mit Kortison, eine Chemotherapie, einen angeborenen Immundefekt oder HIV.

Zunächst einmal kann es Nebenwirkungen geben, auf die man gern verzichten würde. Ein Beispiel: Ende 2018 hat die Ständige Impfkommission in Deutschland allen älteren Menschen eine Impfung gegen die Gürtelrose empfohlen. Die Impfung ist wirksam, der Impfstoff aber auch »außerordentlich reaktogen«, wie die STIKO mitteilt. Das bedeutet in diesem Fall, dass jeder zehnte Impfling mindestens über

Schmerzen, Rötungen und Schwellungen an der Einstichstelle klagt, in manchen Fällen auch über Müdigkeit, Fieber, Kopf- oder Muskelschmerzen. Solche Reaktionen können sowohl – wie hier – bei Totimpfstoffen auftreten, die Wirkverstärker enthalten, als auch bei Lebendimpfstoffen.

Der Impfstoff gegen das Gürtelrosevirus *Herpes zoster* gilt aber zugleich als sicher. Es gab in den Zulassungsstudien »kein Signal für schwere Nebenwirkungen oder für potenziell immunvermittelte [also auf die Impfung zurückführbare] Erkrankungen«. Man sieht daran: Bei der Beurteilung der Risiken muss sorgfältig zwischen unangenehmen, aber letztlich ungefährlichen Nebenwirkungen und ernsthaften, die Gesundheit vorübergehend oder sogar dauerhaft gefährdenden Komplikationen und Impfschäden unterschieden werden. Die gibt es, und ihnen wollen wir uns in diesem Kapitel zuwenden.

Sehr viel ist schiefgegangen, seit die Menschen vor Jahrhunderten mit dem Impfen begannen. Impfstoffe waren verunreinigt und übertrugen andere Krankheiten; Impfstoffe lösten die Krankheiten aus, gegen die sie eigentlich schützen sollten; Impfstoffe wurden unsauber verabreicht; Impfstoffe enthielten Substanzen, die sich als unverträglich entpuppten.

1930 fingen Lübecker Ärzte beispielsweise an, Kinder mit dem im Pariser Pasteur-Institut neu entwickelten BCG-Impfstoff gegen Tuberkulose zu impfen. Soweit man heute weiß, hielten sie dabei die schon damals üblichen hygienischen Standards nicht ein. Wahrscheinlich aus Sorglosigkeit. Der Impfstoff, der aus abgeschwächten Erregern bestand, war wohl im Lübecker Krankenhaus mit infektiösen Bakterien verunreinigt worden. Statt Säuglinge vor der Bedrohung durch Tbc zu schützen, infizierten die Mediziner sie mit den Tuberkeln. Von 256 Neugeborenen, die zwischen Februar und April 1930 geimpft wurden, starben 77. Und 131 weitere Kinder erkrankten. Diese Katastrophe ging als »Lübecker Impfunglück« in die Geschichte ein. Die beiden verantwortlichen Ärzte – der Chef des Gesundheitsamtes und der Direktor des Allgemeinen Krankenhauses – wurden wegen fahrlässiger Tötung zu Gefängnisstrafen verurteilt. Das Lübecker Impfunglück warf die Entwicklung des Impfens in Deutschland weit zurück. Erst nach dem Zweiten Weltkrieg wurde die Tuberkuloseimpfung eingeführt.

25 Jahre später kam es zum sogenannten Cutter-Vorfall (»The Cutter Incident«). Kurz nach der erlösenden Entwicklung eines wirksamen Impfstoffes gegen die Kinderlähmung erhielten die Cutter Laboratories im schönen Berkeley an der Bucht von San Francisco eine Lizenz zur Herstellung des Polioimpfstoffes nach dem Verfahren von Jonas Salk. Es handelte sich um einen Totimpfstoff, der inaktivierte Viren enthielt. Doch bei der Inaktivierung – der Abtötung der Viren – mit Formaldehyd funktionierte etwas nicht. 120.000 Impfdosen enthielten noch lebende Viren. Innerhalb weniger Tage erkrankten infolge der Impfungen mit dem Cutter-Impfstoff 70.000 Kinder in fünf amerikanischen Bundesstaaten. Das löste zusätzlich eine Epidemie aus, weil die infizierten Kinder weitere Kinder und Familienmitglieder ansteckten. Glücklicherweise entwickelten die Erkrankten eine abgeschwächte Form der Kinderlähmung, von der sich die meisten vollständig erholten. Trotzdem blieben 200 Menschen lebenslang gelähmt, zehn starben.

Diese Tragödie führte zur Entlassung eines Direktors bei Cutter. Der Chef der Behörde für medizinische Forschung sowie die erste amerikanische Gesundheitsministerin mit dem schönen, aber nicht sehr professionell klingenden Namen Oveta Culp Hobby traten zurück. Cutter Laboratories wurde verklagt. Anne Gottsdanker (noch so ein schöner Name), ein fünfjähriges Mädchen aus Kalifornien, und ihre Eltern sowie eine weitere Familie bekamen in einem ersten Prozess insgesamt 147.300 Dollar Entschädigung zugesprochen. Das war 1955 eine Menge Geld.

Der amerikanische Mediziner Paul Offit, Fachmann für Infektionskrankheiten und Impfungen, Mitentwickler des Impfstoffes gegen Rotaviren (und uns schon seit dem dritten Kapitel bekannt), hat ein Buch über das Cutter-Desaster geschrieben. Er sieht in dem Urteil im Fall Gottsdanker einen wesentlichen Grund, weshalb Impfstoffe teuer sind und nur noch wenige Hersteller die Entwicklung von Impfstoffen betreiben. Zudem sei der Fortschritt in der Impfmedizin langsamer als möglich, weil die Unternehmen die aufwendigen und haftungsrechtlich riskanten Zulassungstests scheuten, glaubt Offit.

Die Geschworenen hatten nämlich Cutter verurteilt, obwohl dem Unternehmen keine Fahrlässigkeit nachgewiesen werden konnte. Cutter sei haftbar, so die Jury, weil es eine stillschweigende Garantie auf die Sicherheit des Impfstoffes verletzt habe. Offit sagt, das »Cutter Incident« habe zwar dazu geführt, dass die Impfstoffherstellung besser überwacht wird. Aber statt Kinder besser zu schützen, habe das Urteil ironischerweise »die Bereitschaft der pharmazeutischen Unternehmen erheblich verringert, lebensrettende Impfstoffe herzustellen«.

Lübeck und Cutter sind zwei besonders herausragende Beispiele für Impfkatastrophen. Es gibt eine lange Liste von weniger spektakulären, aber trotzdem tragischen Ereignissen. Die Geschichte des Impfens ist so betrachtet auch eine Geschichte der Impfschäden. Aber Ähnliches gilt für praktisch alle Bereiche des medizinischen und pharmazeutischen Fortschritts. Und die Impfmedizin hat aus den Fehlern der Vergangenheit gelernt. Das Ergebnis dieses Lernprozesses ist eine engmaschige Überwachung der Herstellung, der Wirksamkeit und aller Verdachtsfälle von Impfkomplikationen und Impfschäden.

Lübeck und Cutter sind Ereignisse aus einer Zeit, in der noch viele Erfahrungen mit Impfstoffen, ihrer Herstellung und Verabreichung fehlten. Der BCG-Impfstoff war 1930 ebenso wie der Salk-Impfstoff 1955 neu auf dem Markt. Die heutigen Impfungen für Kinder gegen Diphtherie, Polio oder Masern sind hingegen zigmillionenfach erprobt. Und – wie gesagt – das gilt, wenn Sie dieses Buch in der Hand halten, auch für die Covid-Impfstoffe.

In Deutschland sind in den vergangenen Jahren jeweils zwischen 700.000 und 800.000 Kinder auf die Welt gekommen. 95 Prozent von ihnen erhalten rund um ihren ersten Geburtstag die Impfung gegen Masern, Mumps, Röteln und Windpocken (MMRV). Über die Jahre und Jahrzehnte sind da Millionen von MMR- beziehungsweise MMRV-Impfungen zusammengekommen. Hinzu kommen die Impfungen im ersten Lebensjahr gegen Diphtherie, Polio, Keuchhusten und so weiter. Dann gegen Rotaviren, Meningokokken, Pneumokokken … Viele lassen sich und ihre Kinder gegen die Zeckenenzephalitis FSME impfen. Hinzu kommen all die Erwachsenenimpfungen gegen Tetanus oder Grippe, die Reiseimpfungen gegen Gelbfieber und Hepatitis.

Wie viele Fälle von unerwünschten Nebenwirkungen, Impfkomplikationen oder Impfschäden gibt es denn nun? Wir sehen uns mal die Zahlen an.

Allein die gesetzlichen Krankenversicherungen in Deutschland rechnen Jahr für Jahr über 40 Millionen Impfungen ab. Und jährlich registriert das Paul-Ehrlich-Institut zwischen 3000 und 4000 Verdachtsfälle von Impfkomplikationen. Das betrifft also großzügig gerechnet eine von 10.000 Impfungen. Und wir reden hier von *Verdachts*fällen – also Fällen, von denen man noch nicht weiß, ob sie wirklich etwas mit einer Impfung zu tun haben.

Denn den Verdacht auf eine unerwünschte Nebenwirkung oder eine Komplikation zu melden ist wirklich unkompliziert. Das Paul-Ehrlich-Institut registriert jede Meldung unter *nebenwirkungen.pei.de*. In Österreich ist es das Bundesamt für Sicherheit im Gesundheitswesen, das online Meldungen entgegennimmt und daraufhin einen Dankesbrief zurückschickt. In der Schweiz kann man sich an Swissmedic, das Schweizerische Heilmittelinstitut, wenden. Hinzu kommen Meldungen von Ärzten und Gesundheitsbehörden. Es gibt Papierformulare, und man kann den jeweiligen nationalen Ämtern und Instituten auch einen Brief schreiben.

Zu den häufigsten gemeldeten unerwünschten Reaktionen gehören »Schmerzen an der Einstichstelle«, »Fieber«, »Schwellung an der Einstichstelle«, »Kopf-« und »Muskelschmerzen«. Man muss annehmen, dass die Zahl solcher harmloser Nebenwirkungen in Wirklichkeit höher ist, denn viele Patienten kommen gar nicht auf die Idee, ein leichtes Aua im Oberarm anzuzeigen.

»Der Verdacht einer über das übliche Ausmaß einer Impfreaktion hinausgehenden gesundheitlichen Schädigung« *muss* aber nach dem Infektionsschutzgesetz (IfSG) gemeldet werden. Ärzte und Gesundheitsbehörden sind dazu verpflichtet. Gemeint ist hier alles, was über die oben genannten Reaktionen, aber auch über die gelegentlich vorkommende »Impfkrankheit« (beispielsweise leichte Masern- oder Windpockensymptome nach der entsprechenden Impfung) hinausgeht.

Von den 3000 bis 4000 Meldungen im Jahr fällt rund ein Drittel in die Kategorie »schwerwiegend«. 2016 registrierte das PEI genau 1080 schwerwiegende Fälle, die im Verdacht stehen, mit einer Impfung zu tun zu haben. Wir erinnern uns: Es gibt über 40 Millionen Impfungen pro Jahr. 1000 Fälle heißt also: bei einer von 40.000 Impfungen.

Unter diesen gut 1000 schwerwiegenden Verdachtsfällen gab es 15 Tote und 53 bleibende Schäden. 68 von 40 Millionen oder eine von 600.000 Impfungen.

Wir sind aber immer noch auf der Ebene *Verdacht*. Noch wissen wir nicht, ob diese Fälle tatsächlich etwas mit Impfungen zu tun haben oder ob es wenigstens wahrscheinlich ist, dass ein Zusammenhang besteht.

Das PEI hat diese 68 Fälle untersucht. Zunächst zu den 15 Todesfällen: »In keinem einzigen Fall war ein ursächlicher Zusammenhang zwischen der Impfung und der berichteten Todesursache festzustellen«, teilte das PEI mit. Unter den 53 möglichen Impfschadensfällen waren 24, in denen ein Zusammenhang mit den Impfungen möglich, sehr wahrscheinlich oder unzweifelhaft war – »konsistent«, wie das PEI in seinen Bulletins formuliert. Und diese Fälle waren nicht alle harmlos. Wir kommen gleich darauf zurück. Erst mal zur

Statistik: 24 Fälle bei 40 Millionen Impfungen – das ist grob aufgerundet ein Verhältnis von einem Schaden pro 1,7 Millionen Impfungen.

Auf der anderen Seite steht die Zahl der vermiedenen Erkrankungen und Todesfälle. Wir erinnern uns an das siebte Kapitel, in dem uns Tausende von Poliofällen und Diphtherietoten, Kinder mit Masernenzephalitis und unfruchtbare oder schwerhörige Mumpsopfer begegnet sind. Und es sei hier noch einmal gesagt: Impfen ist eine Frage der Abwägung von Nutzen und Risiken.

Wir haben uns bis jetzt mit der wissenschaftlichen Analyse der Verdachtsfälle beschäftigt. Jetzt geht es um die juristische Aufarbeitung möglicher Impfschäden.

In den fünf Jahren von 2005 bis 2009 wurden in Deutschland 169 Impfschäden anerkannt, also knapp 35 pro Jahr. In derselben Zeit wurden 1036 Anträge gestellt, also gut 200 pro Jahr. Wer unter einem anerkannten Impfschaden nach einer empfohlenen Impfung leidet, hat in Deutschland Anspruch auf eine staatliche Versorgung nach dem Bundesversorgungsgesetz. Der Staat hat ein Interesse, dass seine Bürger sich impfen lassen. Wenn sie dabei trotz der hohen Sicherheit der zugelassenen Impfstoffe Schäden erleiden, versorgt er sie. So sieht es das Infektionsschutzgesetz vor.

Dass es pro Jahr manchmal mehr anerkannte Impfschäden gibt als Fälle, die das PEI als »konsistent« einstuft, hat verschiedene Gründe. Zum einen gibt es Altfälle. Menschen stellen Anträge wegen möglicher Schadensfälle, die länger zurückliegen. In den Neunzigerjahren stellten Ostdeutsche Anträge, die dafür in der DDR keine Möglichkeit hatten. Insgesamt – auch ohne den Sondereffekt der

Wiedervereinigung – geht die Zahl der Impfschäden zurück. Früher gab es mehr Probleme, weil die Qualität der Impfstoffe schlechter war oder Verfahren weniger erprobt waren. Heute ist ein Impfschaden ein wirklich extrem seltenes Ereignis. Die Geschichte des Impfens mag eine Geschichte der Impfschäden sein, dann ist sie allerdings auch eine Geschichte von immer, immer weniger Impfschäden. Eben weil die Wissenschaft bereits riesige Fortschritte gemacht hat und auch weiter macht.

Als Impfschaden wird nach dem Infektionsschutzgesetz auch eingestuft, wenn man auf dem Weg zu oder von einer durch die STIKO empfohlenen Impfung einen Unfall erleidet. Streng genommen ist auch eine zerbrochene Brille beim Weg in die Arztpraxis ein anerkennenswerter Impfschaden. Am Ende entscheidet im Zweifelsfall ein Gericht darüber, ob einem Antrag stattgegeben wird. Und gelegentlich entscheiden Richter nicht nach den gleichen, engen Maßstäben wie Wissenschaftler.

Wer glaubt, es gäbe nur deswegen wenige und immer weniger Impfschäden, weil Behörden und Gerichte die Wahrheit unterdrückten, der schaue sich mal die Urteile an, die in solchen Verfahren gefällt werden. Es gibt beispielsweise Urteile von deutschen Sozialgerichten, sogar vom Europäischen Gerichtshof, die das Erkranken an Multipler Sklerose (MS) als Impfschaden eingestuft haben. Und folglich gibt es in jedem Jahr auch eine Reihe von Meldungen ans PEI, die MS auf Hepatitis-, Zeckenschutz- oder andere Impfungen zurückführen. Es gibt aber keine epidemiologische Studie, die einen solchen Zusammenhang nahelegt oder gar nachweist.

In solchen Studien vergleicht man die Zahl der MS-Erkrankungen bei Menschen, die gegen Hepatitis geimpft wurden, und Ungeimpften. Das Ergebnis ist stets, dass MS bei Geimpften nicht häufiger auftritt als sonst. Man weiß zwar immer noch nicht, wieso jemand an MS erkrankt ist, sein Krankheitsrisiko ist aber erkennbar nicht durch Impfungen erhöht. Die Wissenschaftler vom PEI sehen daher keinen ursächlichen, sondern einen »zeitlich zufälligen Zusammenhang« zwischen Impfung und dem Auftreten von MS. Das heißt, jemand bekommt eine MS-Diagnose kurz nach einer Impfung, die er ohne Impfung auch bekommen hätte. Das ist Zufall, kein medizinischer Zusammenhang.

Nach dem Infektionsschutzgesetz muss für die Anerkennung eines Impfschadens wenigstens eine Wahrscheinlichkeit nachgewiesen werden, dass die Impfung die Krankheit – in diesem Fall MS – wirklich ausgelöst hat. Richter in Landshut, Lüneburg oder Luxemburg messen den epidemiologischen Studien aber offenbar weniger Bedeutung zu. Sie beziehen sich auf einen weiteren Satz im Gesetz (beziehungsweise auf eine entsprechende europäische Richtlinie): »Wenn diese Wahrscheinlichkeit nur deshalb nicht gegeben ist, weil über die Ursache des festgestellten Leidens in der medizinischen Wissenschaft Ungewissheit besteht, kann […] der Gesundheitsschaden […] anerkannt werden«, heißt es in Paragraf 61 IfSG. Mit anderen Worten: Wenn man nicht weiß, wie die Krankheit entsteht, kann man auch nicht ausschließen, dass sie von einer Impfung ausgelöst wurde.

Das ist zwar eine sehr patientenfreundliche Regelung, aber die daraus folgenden Urteile schüren Zweifel an der Sicherheit von Impfungen, die wissenschaftlich nicht begründet sind. Ebenso könnte man die Hersteller von Rote Bete in Gläsern für eine MS-Erkrankung verantwortlich machen, wenn der Erkrankte vier Wochen vor seiner Diagnose Rote

Bete gegessen hat (allerdings fällt die Verabreichung von Roter Bete aus irgendwelchen Gründen nicht unter das Infektionsschutzgesetz). Überflüssig zu erwähnen, dass die meisten Impfmediziner entsetzt sind. Denn nun können Impfgegner mit Urteilen winken, die scheinbar die Schädlichkeit von Impfungen bestätigen. Und genau das tun die Anti-Vaxxer.

Auch in einem anderen Fall – und da leider nicht unberechtigt. Im Jahr 2009 breitete sich wohl von Mittelamerika eine Grippeepidemie aus – die sogenannte Schweinegrippe oder Neue Grippe. Wir sind ihr schon im siebten Kapitel begegnet. Das Virus gehörte zum Subtyp H1N1, dem gleichen, der neun Jahrzehnte zuvor die Spanische Grippe ausgelöst hatte. Zur Erinnerung: Der Spanischen Grippe fielen weltweit zwischen 25 und 100 Millionen Menschen zum Opfer. Eine solch tödliche Pandemie sollte unbedingt vermieden werden, weshalb die Weltgesundheitsorganisation die höchste Warnstufe auslöste. In möglichst kurzer Zeit sollten möglichst viele Menschen auf der ganzen Welt gegen die Schweinegrippe geimpft werden. Erst später wurde klar, dass die Schweinegrippe nicht so ansteckend und nicht so tödlich war wie befürchtet. Allerdings war der Krankheitsverlauf durchaus heftig. Weltweit mussten Patienten mit akutem Lungenversagen intensivmedizinisch versorgt werden. Und diese Patienten waren verglichen mit üblichen Grippefällen verhältnismäßig jung.

Die Resonanz auf den WHO-Alarm war jedenfalls in verschiedenen Gegenden der Welt unterschiedlich hoch. Während die deutschen Gesundheitsbehörden auf dem größten Teil der 29 Millionen Impfdosen sitzen blieben, waren in Skandinavien die Impfkampagnen sehr erfolgreich.

Aus Schweden und Finnland wurden auch die ersten schwerwiegenden Verdachtsfälle auf eine wirklich ernst zu nehmende Impfkomplikation gemeldet: Narkolepsie. Das ist eine Krankheit, bei der die Betroffenen unvermittelt unter Einschlafattacken leiden (und damit ist nicht die Schläfrigkeit bei der Lektüre mitreißender Sachbücher gemeint), oft auch unter Kataplexie, dem plötzlichen Verlust der Muskelspannung. Das ist wirklich nicht lustig. Narkolepsie ist eine ernsthafte Beeinträchtigung des Lebens. Außerdem ist die Krankheit bisher nicht heilbar – das heißt: Man kann nur die Symptome durch Aufputschmittel und Antidepressiva zu lindern versuchen.

Die Narkolepsiefälle traten gehäuft nach der Impfung mit dem Impfstoff Pandemrix des Herstellers GlaxoSmithKline auf – vor allem bei Kindern und Jugendlichen (auch die Familien der Autoren wurden damit geimpft).

Bis heute ist nicht klar, was genau diese Krankheit auslöst. Die statistische Auswertung verschiedener Studien zeigt aber, dass ein Zusammenhang mit den Impfungen sehr wahrscheinlich ist. Das Risiko einer Narkolepsieerkrankung ist bei Menschen, die mit Pandemrix geimpft wurden, viermal höher als ohne. Der statistische Zusammenhang zwischen Impfungen und Erkrankungen ist also eindeutig.

Bis Ende 2016 hat das PEI 86 Verdachtsfälle einer Narkolepsie im zeitlichen Zusammenhang mit einer Pandemriximpfung registriert – die Kollegen in der Schweiz neun Fälle. In Österreich hatte man sich glücklicherweise für den Einsatz eines anderen Impfstoffs, Celvapan, entschieden. Dort sind keine Narkolepsiefälle bekannt geworden. In Schweden hingegen wurden 300 Menschen entschädigt. Insgesamt wurden in Europa bei rund 31 Millionen Impfungen mit Pandemrix mehr als 1300 Verdachtsfälle registriert – ungefähr ein Fall pro 24.000 Impfungen.

Nur als Fußnote: Man muss sich entscheiden. Wer – zu Recht – die Häufung von Narkolepsiefällen als Beweis für einen Impfschaden durch Pandemrix nimmt, darf nicht zugleich die Statistik ignorieren, die einen Zusammenhang zwischen Impfungen und MS widerlegt. Denn das Verfahren zum Nachweis oder Ausschluss eines konsistenten Zusammenhangs ist in beiden Fällen gleich. Aber genau das passiert in der Impfdebatte andauernd: Impfgegner verwenden die Statistiken, die ihnen in den Kram passen, und pfeifen auf die anderen. Oder erklären sie für gefälscht.

Es gab verschiedene Theorien, was genau die Narkolepsieerkrankungen ausgelöst haben könnte. Die Adjuvanzien standen im Verdacht. Der hat sich aber nicht endgültig bestätigt. Eine Arbeitsgruppe der Stanford University School of Medicine in Palo Alto hat 2015 herausgefunden, dass eine Autoimmunerkrankung die Narkolepsiefälle auslöst. Der Impfstoff gegen das Schweinegrippevirus hat demnach die Produktion von Antikörpern angeregt, die nicht nur am Virus andocken, sondern auch an bestimmten Rezeptoren auf Gehirnzellen. Möglicherweise werden deshalb nicht nur die Viren, sondern auch die Gehirnzellen, die am Schlaf-Wach-Zyklus beteiligt sind, Opfer der eigenen Immunabwehr. Und es kann sein, dass nicht nur der Impfstoff, sondern auch das Schweinegrippevirus selbst diese Autoimmunstörung auslösen kann.

Allerdings passiert das offenbar nur bei Menschen, deren Immunsystem zu einem bestimmten Gentyp gehört (möglicherweise ist das auch ein Grund, weshalb die Fälle in Skandinavien häufiger auftreten als bei uns; in der Bevölkerung dort ist der betroffene Gentyp weiter verbreitet). Außerdem muss eine schwere Entzündung oder eine Infektion vorübergehend die Blut-Hirn-Schranke geöffnet haben, sodass die Antikörper überhaupt die Hirnzellen erreichen konnten. Die Forscher aus Palo Alto liefern auch eine Erklärung, weshalb Pandemrix, aber keiner der anderen eingesetzten Impfstoffe Narkolepsie auslösen könnte. In Pandemrix war eine höhere Konzentration eines bestimmten Virusmoleküls vorhanden als in anderen Schweinegrippeimpfstoffen.

Die Geschädigten haben gerichtlich bestätigte Versorgungsansprüche. Pandemrix hat seine Zulassung verloren. Andere Impfstoffe gegen H1N1, die nicht im Verdacht stehen, Narkolepsie auszulösen, können stattdessen weiterverwendet werden. GlaxoSmithKline allerdings war Vorwürfen ausgesetzt, über intern früh bekannte andere mögliche Nebenwirkungen von Pandemrix nicht ausreichend berichtet zu haben. Ein Artikel aus dem renommierten *British Medical Journal* aus dem Sommer 2018 legt nahe, dass GlaxoSmithKline und auch europäische Gesundheitsbehörden frühe Warnzeichen hinsichtlich der Impfstoffsicherheit nicht ernst nahmen oder verschwiegen.

Ja, der Pandemrix-Fall ist eine Erinnerung daran, dass mit Impfungen immer noch Risiken verbunden sind – auch Risiken, von denen man vorher nichts ahnte. Und ja, er zeigt, dass Impfentscheidungen – gerade unter hohem Zeitdruck – einer Risikoabwägung folgen, die sich im Nachhinein möglicherweise anders darstellt. Das Risiko einer tödlichen Pandemie, gegen die es unter Umständen nicht ausreichend Impfstoff gibt, musste ins Verhältnis zu dem Risiko des Einsatzes eines Impfstoffes gestellt werden, zu dem offenbar nicht ausreichend Erfahrungen vorlagen. Erst im Nachhinein war klar, dass das Schweinegripperisiko geringer war als befürchtet und dass das Impfrisiko möglicherweise höher war als erwartet. Die ersten Narkolepsieverdachtsmeldungen aus Skandinavien kamen erst nach dem Ende der Grippe- und Impfsaison.

Aber, nein, Pandemrix ist kein Beispiel dafür, dass Gesundheitsbehörden prinzipiell leichtfertig handeln, Risiken unter den Teppich kehren oder Aufklärung behindern. Das PEI hat offen und sorgfältig berichtet, ähnlich Swissmedic. Allerdings hat niemand die Probleme an die ganz große Glocke gehängt – wohl auch weil immer die Sorge besteht, Impfgegner nutzten solche Fälle für ihre unhaltbare Propaganda.

Der Pandemrix-Fall wurde und wird untersucht – von neugierigen, unabhängigen Wissenschaftlern. Aber auch GlaxoSmithKline-Leute sind an der Aufklärung beteiligt. Die Erfahrungen mit Pandemrix zeigen, mit welch großer Vorsicht Impfstoffe entwickelt und zugelassen werden müssen. Und sie werden künftige Impfstoffe sicherer machen.

Pandemrix war ein neuer Impfstoff gegen eine Krankheit, deren Gefährlichkeit schwer abzuschätzen war. Auf die Gefahr hin, dass wir uns wiederholen: Bei den durch die STIKO empfohlenen Kinderimpfungen ist die Lage vollkommen anders. Die Impfstoffe sind millionenfach erprobt. Da taucht nicht plötzlich eine Komplikation auf, von der man nichts wissen konnte.

NEUNTES KAPITEL,

in dem wir feststellen, was man auch ohne Impfpflicht alles machen kann. In dem wir uns an die DDR und ihre roten Impfausweise erinnern und nach Frankreich und Italien reisen, wo es staatlich verordnete Impfungen gegen sehr viele Krankheiten gibt. Und in dem wir erfahren, dass unsere Kinder als Austauschschüler in den USA ohne Impfung keine Schule besuchen dürfen.

Im Februar 2019 hatte Gudrun Widders die Nase voll. Sie nutzte ihre ganze Amtsmacht und gab Kindern für eine Woche schulfrei.

Frau Widders ist Leiterin des Gesundheitsamtes des Berliner Bezirks Spandau. Sie ist außerdem Mitglied der STIKO. Sie kennt sich mit Impfungen aus. In Spandau, genauer gesagt unter den 300 Schülerinnen und Schülern der rot geklinkerten Zeppelin-Grundschule, waren die Windpocken ausgebrochen. Zunächst bei einem Kind, dann bei zwei weiteren. Die hatten sich wahrscheinlich bei ihrem Mitschüler angesteckt.

Widders ordnete an, dass alle Kinder ihre Impfbücher vorzulegen hätten. Und das Ergebnis dieser Überprüfung überraschte auch die erfahrene Amtsärztin. Ein großer Teil war gar nicht oder nur einmal geimpft worden. Doch wer keine Impfung gegen Windpocken oder eine früher bereits überwundene Infektion nachweisen konnte, wurde nach Hause geschickt. In einer Klasse waren das sechs von 24 Kindern – ein Viertel.

Dem Windpockenausbruch in der idyllischen Gartenstadt Staaken waren in den Wochen zuvor andere vorausgegangen. »Wir hatten in Spandau vermehrt mit Windpocken in Gemeinschaftseinrichtungen zu tun«, sagte Widders. Bei der Amtsärztin wuchs die Befürchtung, die Sache ohne eine etwas drastischere Maßnahme nicht in den Griff zu bekommen (von den ein Jahr später nötigen flächendeckenden Schulschließungen wegen Covid-19 ahnte sie damals noch nichts). So teilte die Schule den Eltern mit: »Kinder ohne Impfschutz beziehungsweise Immunität gegen Windpocken müssen wir nach Hause schicken.«

Nicht alle Eltern waren davon begeistert – jedenfalls nicht die, deren Kinder keine Impfung nachweisen konnten. Einige beschwerten sich bei Schulleitung und Amtsärztin und verwiesen darauf, dass in Deutschland keine Impfpflicht herrscht. Das stimmt. Aber warum eigentlich nicht? Und war das nicht früher anders?

In Westdeutschland gibt es seit 1975, dem Ende der Pockenschutzimpfungen, keine Impfpflicht mehr. Im Osten war erst 1990 mit dem Ende der DDR und ihrer Gesetze Schluss mit der Impfpflicht. Zuvor hatte es allerdings in ganz Deutschland sehr lange eine gesetzliche Verpflichtung zur Impfung gegeben. Bis 1975 wankten Jahr für Jahr zehn- bis elfjährige Schüler theatralisch stöhnend aus der Aula, wo eine Schulärztin ihren Oberarm mit Pockenimpfstoff malträtiert hatte.

Praktisch seit die Pockenschutzimpfung medizinisch etabliert war, wurde von Staats wegen geimpft – in England seit 1867, im Deutschen Reich seit 1874. Das Reichsimpfgesetz galt über 100 Jahre. In Dänemark und Schleswig-Holstein mussten Konfirmanden und Brautpaare schon 1811 nachweisen, dass sie gegen Pocken geimpft waren. In Österreich bestand seit 1836 eine staatliche Pflicht, die Bevölkerung über die Pockenschutzimpfung zu belehren. Im Westdeutschland der frühen Sechzigerjahre wurden Tausende Impfgegner zu teils hohen Geldstrafen verurteilt, wie der Historiker Malte Thießen in einer umfangreichen Arbeit über das Thema berichtet hat.

In der Schweiz dagegen feierten Impfgegner früh einen großen Erfolg: In einer Volksabstimmung sprachen sich die Bürger schon 1882 gegen das »Impfobligatorium« aus. Ein Impfzwang besteht in der Schweiz bis heute nicht. 2013 wurde in einer Volksabstimmung bestätigt, dass Bund und Kantone eine Pflicht zur Impfung nur bei »erheblicher Gefahr für die öffentliche Gesundheit« und für eingegrenzte Personenkreise erlassen dürfen.

In der DDR gab es auch über die Pockenimpfung hinaus eine Impfpflicht. Jeder DDR-Bürger besaß einen Impfausweis, in dem am Ende 17 Impfungen bescheinigt werden mussten. Es gab sogenannte Dauerimpfstellen, die man aufsuchte, um seiner Pflicht nachzukommen. Wer nicht erschien, wurde angeschrieben. Viele frühere DDR-Bürger zeigen gerne noch heute und mit einem gewissen Stolz ihren roten Sozialversicherungs- und Impfausweis mit eingeprägten Hammer und Zirkel im Ährenkranz und den gesammelten Stempeln – ein Zeichen, dass sogar eine Impfpflicht irgendwie Teil einer nationalen Identität sein kann. Für die DDR war das Impfen auch Teil des Versuches, die Überlegenheit des Sozialismus zu beweisen. Impfen war »Ausdruck der Fürsorge unseres Staates«. Früher als in der Bundesrepublik wurden systematische Impfungen gegen Diphtherie, Wundstarrkrampf, Keuchhusten, Tuberkulose und Kinderlähmung eingeführt. Der stellvertretende DDR-Ministerpräsident Willi Stoph bot Bundeskanzler Konrad Adenauer sogar mal Polioimpfstoff an, weil der im Westen knapp geworden war. Adenauer lehnte ab.

Heute ist das alles Geschichte. Aber, wie Malte Thießen schreibt, »an Debatten um die Impfpflicht lassen sich Aushandlungen von staatlicher Macht und staatsbürgerlicher ›Mündigkeit‹ erforschen«. Das war nicht nur in der Zeit der Systemgegensätze zwischen Ost und West so. Darum geht es auch heute noch, wenn über die Möglichkeit oder Notwendigkeit einer Impfpflicht diskutiert wird.

Im wiedervereinigten Deutschland beruft man sich ausdrücklich auf das im Grundgesetz garantierte Recht auf körperliche Unversehrtheit (Artikel 2 Absatz 2 Satz 1). Eine Impfung ist eine Körperverletzung, die ohne Einwilligung des Patienten (oder seiner Eltern) nicht erlaubt ist. Eine Ausnahme gilt für Soldaten, die ärztliche Eingriffe in ihre körperliche Unversehrtheit gegen ihren Willen dulden müssen, »wenn es sich um Maßnahmen handelt, die der Verhütung oder Bekämpfung übertragbarer Krankheiten oder der Feststellung seiner Dienst- oder Verwendungsfähigkeit dienen«. So steht es im Soldatengesetz, und so haben wir es im fünften Kapitel bereits gelesen. Aber auch die Staatsbürger ohne Uniform können unterhalb der Schwelle einer Impfpflicht ein kleines bisschen zu ihrem Immunisierungsglück gezwungen werden. Damit sind wir wieder bei Gudrun Widders und den Spandauer Windpocken.

Das Infektionsschutzgesetz gibt den »zuständigen Behörden« das Recht, »die notwendigen Maßnahmen zur Abwendung der dem Einzelnen oder der Allgemeinheit drohenden Gefahren« durch eine übertragbare Krankheit zu treffen. Windpocken sind nicht so komplikationslastig wie Masern, die kurz darauf zu einem Ausschluss zahlreicher umgeimpfter Kinder vom Besuch einer Schule in Hildesheim führten. Aber auch Windpocken können vor allem für Säuglinge und Schwangere gefährlich werden.

Gudrun Widders hielt deshalb den vorübergehenden Ausschluss der Kinder vom Schulbesuch für angemessen. Und sie hatte dabei schon elegant die einwöchigen Berliner Winterferien mitgenutzt, um die möglichen Überträger der Krankheit für insgesamt 16 Tage – was der mittleren Inkubationszeit von Windpocken entspricht – von der Schule fernzuhalten. Zuvor hatte es an anderen Schulen und in Flüchtlingseinrichtungen schon Windpockenausbrüche gegeben. »Isolierungsmaßnahmen waren immer erfolglos geblieben«, berichtete sie. In Berlin treten Windpocken sowieso doppelt so häufig auf wie im Bundesdurchschnitt.

Das Beispiel zeigt, dass es auch in Deutschland Möglichkeiten gibt, im Bedarfsfall eine Art indirekte Impfpflicht durchzusetzen. Denn wer sein Kind impfen lässt, bleibt von weiteren Ausschlussmaßnahmen verschont. Der Ausschluss von Mitarbeitern und Betreuten vom Besuch einer Gemeinschaftseinrichtung – damit sind Krippen, Kitas, Horte, Schulen und so weiter gemeint – ist im Infektionsschutzgesetz ausdrücklich erlaubt. Diese Möglichkeit gilt für einen Katalog von 20 Infektionskrankheiten, der von Cholera bis Windpocken reicht. Hinzu kommen Krätzmilben und Läuse (gegen die man leider nicht impfen kann – wir würden das sonst bei uns und unseren Kindern sofort tun). In Essen hat

2019 eine Kita erklärt, ohne Impfungen würden Kinder nicht mehr aufgenommen.

2019 beschloss der Bundestag auf Initiative von Gesundheitsminister Jens Spahn von der CDU, dass Kinder ohne Masernschutzimpfung Kindertagesstätten nicht mehr besuchen dürfen und dass auch Schüler ihren Masernschutz nachweisen müssen. Gleiches gilt auch für Erzieher und Erzieherinnen, Lehrerinnen und Lehrer sowie für medizinisches Personal. Zwar dürfen Schüler ohne Impfung nicht vom Unterricht ausgeschlossen werden (Schulpflicht!), aber ihren Eltern drohen Buß- und Zwangsgelder.

Der SPD-Bundestagsabgeordnete Karl Lauterbach sagte, er befürworte »bei einer so gefährlichen Krankheit wie den Masern eine Impfpflicht«. Auch der Berufsverband der Kinder- und Jugendärzte fand das gut. »Wir wünschen uns allerdings eine Impfpflicht auch für andere gefährliche Krankheiten, für Röteln, Diphtherie, Tetanus, Kinderlähmung, Keuchhusten, Mumps und Windpocken«, sagte der Präsident des Verbandes Thomas Fischbach. Ausdrücklich begründete Fischbach seine Forderung mit »gefährlichen Desinformationen der Impfgegner«, die Eltern stark verunsicherten. Diese könnten durch eine Impfpflicht »wirkungslos« gemacht werden. Nur so lasse sich das Ziel, die Masern auszurotten, erreichen.

Das Masernschutzgesetz ist seit März 2020 in Kraft. Allerdings hatten die Gesundheitsbehörden seitdem andere Dinge zu tun, als Masernimpfverweigerern nachzustellen …

In den USA sind die Regeln schärfer. Wer eine öffentliche Bildungseinrichtung besuchen will, muss Impfschutz nachweisen: nicht nur gegen Masern, sondern gegen Hepatitis A und B, Keuchhusten, Diphtherie, Tetanus, Polio, Meningitis, Mumps, Röteln und Windpocken. Das betrifft übrigens auch

Austauschschüler aus Europa. Wer das umgehen will, braucht eine medizinische oder nichtmedizinische Ausnahmegenehmigung, wie wir sie schon im dritten Kapitel kennengelernt haben. Im amerikanischen Bundesstaat Kalifornien hat man vor einigen Jahren unter dem Eindruck einer Masernepidemie die Möglichkeit nichtmedizinischer Ausnahmen wieder gestrichen. Das Ergebnis: Innerhalb von zwei Jahren kletterte die Masernimpfrate von unter 93 auf fast 96 Prozent und überschritt damit die Schwelle, ab der Herdenimmunität wirkt.

Auch in Australien gilt das Prinzip »no jab, no play« – das heißt so viel wie »kein Piks, kein Spiel«. Ungeimpfte Kinder werden dauerhaft oder für den Zeitraum von Ausbrüchen von Kindergärten und Schulen ausgeschlossen. Inzwischen wurde das Prinzip erweitert: Es gilt »no jab, no *pay*« – wer seine Kinder nicht impfen lässt, dem können staatliche Leistungen wie das Kindergeld gekürzt werden.

Frankreich und Italien haben gesetzliche Impfpflichten eingeführt oder erweitert. In beiden Ländern gab und gibt es zum Teil sehr niedrige Impfraten. Die überzeugten Impfgegner sind dort stärker als in Deutschland. Laut einer Befragung aus dem Jahre 2016 steht ein Viertel der Franzosen Impfungen skeptisch gegenüber, jeder zehnte lehnt sie ganz ab. Seit 2018 sind Eltern in Frankreich verpflichtet, ihre Kinder gegen Masern und zehn weitere Krankheiten impfen zu lassen. Auch hier sind die Impfungen Voraussetzung für den Besuch einer Kita. Emmanuel Macrons Premierminister Édouard Philippe sagte vor der Nationalversammlung, man dürfe nicht zulassen, dass »in der Heimat von Pasteur« noch immer Kinder an Masern sterben. Ob die Erinnerung an Pasteur und die nationale Impfehre half oder nur der Zwang –

Erfolg ließ sich jedenfalls schnell nachweisen. Innerhalb weniger Monate stieg die Impfrate in Frankreich um fünf bis sechs Prozentpunkte.

Ähnlich ist es in Italien. Auch dort stiegen die Impfraten, nachdem Mitte 2017 zehn Immunisierungen vorgeschrieben wurden – darunter auch Masern, Mumps und Röteln. Kindern kann der Besuch von Krippen, Kindergärten und Vorschulen verwehrt werden. Und es gibt die Androhung unangenehmer Geldstrafen von bis zu 500 Euro.

All die erreichten Erfolge sprechen eigentlich für sich – aber das interessiert nicht jeden. Die rechts-linkspopulistische Regierung Italiens aus Lega und Cinque Stelle schränkte die strafbewehrte Impfpflicht, kaum war sie ausgesprochen, wieder deutlich ein. Seit Sommer 2018 müssen Kinder und ihre Eltern nur noch eine Selbstauskunft über die erfolgten Impfungen vorlegen.

In Deutschland setzt man – ebenso wie in der Schweiz und in Österreich – vor allem auf Empfehlungen durch die nationalen Impfkommissionen. Es wird aufgeklärt und geworben, aber wenig oder kein Druck ausgeübt.

Eine allgemeine Impfpflicht wäre möglicherweise verfassungsrechtlich angreifbar. Im Fall eines akuten Ausbruchs kann das allerdings anders aussehen.

Derzeit erlaubt das Infektionsschutzgesetz (§20) dem Bundesgesundheitsminister oder den Bundesländern Impfungen anzuordnen, »wenn eine übertragbare Krankheit mit klinisch schweren Verlaufsformen auftritt und mit ihrer epidemischen Verbreitung zu rechnen ist«.

Zu diesem Schritt hat sich aber weder auf Bundes- noch auf Landesebene je ein Gesundheitsminister entschließen können. Alle setzen auf Freiwilligkeit und die Vernunft des »mündigen Bürgers«. Eine Impfpflicht gilt als unverhältnismäßig, solange die Ziele des öffentlichen Gesundheitsschutzes mit anderen Instrumenten zu erreichen sind, die weniger in Grundrechte eingreifen. Und auch Jens Spahn hat bei der Zulassung der Covid-Impfstoffe betont, es werde keine Impfpflicht geben – »auch nicht durch die Hintertür« wie bei den Kitabeschränkungen für Kinder ohne Masernschutz.

Allerdings kennen wir ja schon Paragraf 20 des Infektionsgeschehens. Und den könnten die Bundes- und Landesbehörden im Fall einer Epidemie einer »Krankheit mit klinisch schweren Verlaufsformen« anwenden – es müsste nur schlimm genug kommen.

Aber wäre es wirklich so einfach? Impfpflicht – und schon ist die ganze Skepsis verschwunden?

Der Deutsche Ethikrat, der die Bundesregierung bei ethisch schwierigen Themen berät, stellte sich diese Frage 2019 im Zusammenhang mit dem Masernschutz von Kindern auch – und kam zu dem Schluss, »dass in Anbetracht der in diesen Altersgruppen insgesamt hohen Impfquoten eine generelle staatliche Impfpflicht nicht gerechtfertigt ist«. Stattdessen empfahl der Ethikrat dringend »spezielle Aufklärungs- und Impfkampagnen«. Allerdings gab es da eine Einschränkung: »Der Deutsche Ethikrat hält es im Übrigen sehr wohl für gerechtfertigt und geboten, eine mit Tätigkeitsverboten sanktionierbare Impfpflicht für bestimmte Berufsgruppen in besonderer Verantwortung einzuführen. Dies betrifft in erster Linie Personal im Gesundheits-, Sozial- und Bildungswesen, das aufgrund seiner beruflichen Tätigkeit Infektionen mit erhöhter Wahrscheinlichkeit weitergeben kann.« Die Vorsitzende des Ethikrats, Alena Buyx, hat an diesen Passus im Zusammenhang mit den Covid-Impfungen erinnert.

Gegen eine Impfpflicht werden eine Reihe von Argumenten vorgebracht – nicht nur rechtliche. Lothar Wieler, der Präsident des Robert Koch-Instituts beispielsweise, sieht als maßgebliche Ursache der Masernausbrüche der vergangenen Jahre Impflücken bei Jugendlichen und jungen Erwachsenen. Die würde man mit einer Impfpflicht für Kinder gar nicht erreichen. Er plädiert für Informationskampagnen und »aufsuchende Impfangebote« – das heißt: Impfungen in Schulen, Hochschulen oder Unternehmen.

Die Erfurter Psychologen um Cornelia Betsch haben festgestellt, dass eine gesetzliche Pflicht zu einzelnen Impfungen die Akzeptanz für die nichtobligatorischen Impfungen verringern könnte – ein Trotzeffekt, den man natürlich gerade nicht will. Unterschwellig könnte sich außerdem die Botschaft vermitteln, Impfungen, die nicht vorgeschrieben sind, seien verzichtbar.

SCHLUSSWORT

So, Sie haben jetzt ein ganzes Buch gelesen. Es ging mit Covid-19 und den neuen Impfstoffen dagegen los. Sie haben erfahren (wenn Sie es nicht schon wussten), dass man auf der Suche nach einer Antwort auf die Impffrage ganz schön ins Schleudern kommen kann. In Büchern, auf Internetseiten, auf Facebook oder Twitter wird eine Menge Zeug verbreitet, das einen am Sinn des Impfens zweifeln lassen kann. Sie haben aber auch gesehen, dass es Menschen gibt, die echte Lügengeschichten über die Risiken des Impfens verbreiten, für die es keinerlei wissenschaftliche Belege gibt. Man nennt das auch *bad science* oder *fake science*. Diese schlechte oder falsche Wissenschaft ist kein Spaß, sondern sie gefährdet Gesundheit und Leben von echten Menschen. Und auch Ärzte, die sich grundsätzlich gegen Impfungen aussprechen, handeln entgegen dem Stand der Wissenschaft.

Sie haben erfahren, dass das Impfen im Immunsystem des menschlichen Körpers dieselben Abwehrmechanismen aktiviert wie das Überstehen einer Krankheit. Impfen hat nur einen entscheidenden Vorteil: Wir müssen gar nicht erst krank werden, um unsere Abwehrkräfte zu stärken. Und: Kranksein macht nicht gesünder – auch nicht auf lange Sicht –, sondern eher noch kränker.

Sie haben überaus interessante Persönlichkeiten kennengelernt – die abenteuerlustige Lady Mary, die eitlen Herren Pasteur und Koch, John Franklin Enders, den Mann mit dem Huttick, und Hilary Koprowski, den Musikfreund, der so gerne Komponist geworden wäre und zweifelhafte Menschenversuche unternommen hat. Sie alle haben über Jahrhunderte hinweg versucht, die Menschheit von der Gefahr durch Infektionskrankheiten zu befreien – und sie sind ziemlich weit damit gekommen.

Sie haben von abscheulichen Wurmkrankheiten, von Tuberkulose, Aids und Malaria erfahren, die Milliarden Erdenbürger quälen, vor allem die ärmsten. Und diese Menschen verbinden mit Impfungen große Hoffnungen – nämlich die, dass ihre Kinder und Enkel von diesen schrecklichen Krankheiten befreit sind und ihrer Armut entfliehen können.

Sie haben sich schließlich all die Krankheiten noch einmal angeschaut, vor denen wir uns und unsere Kinder durch Impfungen schützen können. Und Sie haben erfahren, dass es wirklich extrem unwahrscheinlich ist, dass bei einer dieser in Deutschland, Österreich und der Schweiz empfohlenen Impfungen etwas schiefgeht. Impfungen haben weniger Nebenwirkungen als die meisten anderen Medikamente.

Auf der anderen Seite kann es sehr böse ausgehen, wenn man eine der Krankheiten tatsächlich bekommt, die man durch Impfungen vermeiden könnte. Krank zu sein hat eindeutig mehr Nebenwirkungen als gesund zu bleiben. Vor allem wäre es total bescheuert, wenn durch Nachlässigkeit, Desinteresse oder auf der Grundlage falscher Informationen Krankheiten zurückkehren, die wir eigentlich schon los sind.

Kurz: Es ist einfach sinnlos, auf Impfungen zu verzichten.

Das gilt schon sehr lange. Aber es gilt erst recht in einer Welt, in der wir sehr viel unterwegs sind – in Süditalien, wo man sich die Masern einfangen kann, in Thailand, wo sehr viele Menschen an Hepatitis leiden, oder in Kenia, das im sogenannten Meningitisgürtel liegt. Von Covid-19 ganz zu schweigen. Und es gilt natürlich auch in einer Zeit, in der viele Menschen aus aller Welt zu uns kommen – aus Ländern, in denen die Impfprogramme nicht so gut funktionieren wie bei uns. Und manchmal kommen Menschen nach Europa und infizieren sich hier mit Erregern, die es in ihrer Heimat nicht gibt. Für eine Schwangere aus Eritrea beispielsweise ist es nicht lustig, dass sie bei uns Windpocken bekommen kann.

Sie haben erfahren, dass es einen Impfplan gibt, auf dem die Zeitpunkte für all die empfohlenen Impfungen festgelegt sind. Sie haben aber auch mitbekommen, dass schon zwischen Deutschland, Österreich und der Schweiz nicht alle Empfehlungen einheitlich sind. Reden wir nicht von Sachsen, dem Bundesland, das sich als einziges eine eigene Impfkommission hält, die die zweite Masernimpfung zu einem späteren Zeitpunkt empfiehlt …

Natürlich stellt die Festlegung des Impfplans in Deutschland nicht die einzige Möglichkeit eines zeitlichen Ablaufs der Impfungen dar. Nur, ein Abweichen von diesem Plan stiftet im Zweifelsfall mehr Verwirrung und Unsicherheit, ohne dass damit ein erkennbarer Gewinn verbunden wäre. Deshalb die klare Empfehlung: Wer sich an den Impfplan hält, vermeidet Fehler und Versäumnisse auf dem Weg zur möglichst vollständigen Immunisierung.

Dass in anderen Ländern teilweise andere Pläne gelten, hat in der Regel Gründe. Das Gesundheitssystem ist anders organisiert, Menschen verhalten sich anders, die Bedrohungen durch Infektionskrankheiten sind nicht überall gleich. In einigen Ländern wird mit der Immunisierung gegen Hepatitis B beispielsweise gleich nach der Geburt begonnen. Bei uns erst ab dem dritten Lebensmonat. In vielen Ländern Asiens oder in den USA leiden aber auch deutlich mehr Menschen an Hepatitis B als bei uns. Anders als bei uns sind nicht alle Schwangeren in der Vorsorge auf Hepatitis getestet worden, sodass die frühe Impfung des Neugeborenen helfen soll, die Übertragung unentdeckter Hepatitis-B-Infektionen von Schwangeren zu vermeiden.

In unseren Impfplänen werden Impfungen zu Dreifach-, Vierfach- oder Sechsfachimpfungen zusammengefasst. Auch das hat natürlich Auswirkungen auf den Impfrhythmus. Aber das ist gut, weil es Kindern eine Vielzahl von Stichen erspart.

Also, kurz und knapp, wie versprochen – unsere klare Aussage zur Impffrage: Nehmen Sie die Empfehlungen an, die von der STIKO, dem Nationalen Impfgremium oder der Eidgenössischen Kommission für Impffragen ausgesprochen werden. Die haben sich die Sache sehr gut und sehr umfassend überlegt.

Diese Schlussfolgerung klingt vielleicht wenig originell, aber sie ist sehr, sehr gut begründet – und sie kommt von Herzen.

DANK

an Ellen Hasenkamp und Jessy Wellmer,

an Horst von Bernuth, Anja Ersson, Peter J. Hotez, Eberhard Knödler-Bunte, Friederike Kuster, Fabian Kyrieleis, Remo Largo, Ulrike Merkel, Jeroen Pollet, Sylvia Sandig, Julia Schaaf, Philine Tucker, Rebekka Göpfert, unsere Literatur-Agentin,

und all die, die uns während der Arbeit an diesem Buch mit klugen Fragen, anregenden Links, hilfreichen Artikeln und eigenen Erfahrungen versorgt haben.

LITERATUR (AUSWAHL)

Ahmed, Syed Sohail et al.: »Antibodies to influenza nucleoprotein cross-react with human hypocretin receptor 2«, in: *Science Translational Medicine*, 01 Jul 2015: Vol. 7, Issue 294, pp. 294Ra105. DOI: 10.1126/scitranslmed.aab2354

Arenz, Stephan; Kalies, Helen; Ludwig, Maria-Sabine; Hautmann, Wolfgang; Siedler, Anette; Liebl, Bernhard; Morlock, Gabi; von Kries, Rüdiger: »Der Masernausbruch in Coburg: Was lässt sich daraus lernen?«, in: *Deutsches Ärzteblatt*, 2003; 100(49): A-3245 / B-2698 / C-2521

Baron, John: *The Life Of Edward Jenner, M.D.*, Henry Colburn, London 1838

Betsch C.; Böhm R.; Korn L.; Holtmann C.: »On the benefits of explaining herd immunity in vaccine advocacy«, in: *Nature Human Behaviour*, volume 1, Article number: 0056 (2017)

Berg, Jeremy M.; Tymoczko, John L.; Stryer, Lubert: *Biochemie*, 6. Auflage, Spektrum Akademischer Verlag, Heidelberg 2007

Berry, N.; Davis, C.; Jenkins, A.; Wood, D.; Minor, P.; Schild, G.; Bottiger, M.; Holmes, H.; Almond, N.: »Analysis of oral polio vaccine CHAT stocks«, in: *Nature*, volume 410, pages 1046–1047 (26. April 2001)

Blancou, P.; Vartanian, J.-P.; Christopherson, C.; Chenciner, N.; Basilico, C.; Kwok, S.; Wain-Hobson, S.: »Polio vaccine samples not linked to AIDS«, in: *Nature*, volume 410, pages 1045–1046 (26. April 2001)

Dale, J. B.; Batzloff, M. R.; Cleary, P. P. et al.: »Current Approaches to Group A Streptococcal Vaccine Development«, in: Ferretti JJ; Stevens DL; Fischetti VA (editors): *Streptococcus pyogenes: Basic Biology to Clinical Manifestations*, University of Oklahoma Health Sciences Center; Oklahoma City (OK) 2016; online unter: https://www.ncbi.nlm.nih.gov/books/NBK333413/

Ewig, Santiago; Pletz, Mathias W.; Salzberger, Bernd: »Pneumokokken-Impfung (1): Kritik an den STIKO-Empfehlungen«, in: *Deutsches Ärzteblatt* 2017; 114(1-2): A-24 / B-22 / C-22

Gentsch, Günter: *Roulette des Lebens. Die ungewöhnlichen Wege der Lady Mary Montagu*, Helmer, Königstein/Taunus 2007

Grimes DR: »On the Viability of Conspiratorial Beliefs«, in: *PLOS ONE*, 11(1): e0147905 (2016), DOI:10.1371/journal.pone.0147905

Grundy, Isobel: *Lady Mary Wortley Montagu*, Oxford University Press, Oxford 1999

Hahn, Kaufmann, Schulz, Suerbaum (Hrsg.): *Medizinische Mikrobiologie und Infektiologie*, 6., komplett überarbeitete Auflage, Springer, Heidelberg 2008

Hotez, Peter Jay: *Vaccines Did Not Cause Rachel's Autism, My Journey as a Vaccine Scientist, Pediatrician, and Autism Dad*, Johns Hopkins University Press, Baltimore 2018

Jamieson, D. J.; Theiler, R. N.; Rasmussen, S. A.: »Emerging Infections and Pregnancy«, in: *Emerging Infectious Diseases*, 2006;12(11): 1638–1643. DOI:10.3201/eid1211.060152

Ki Che Leung, Angela: »›Variolation‹ and Vaccination in Late Imperial China, Ca 1570–1911«, in: Stanley A. Plotkin (Hrsg.), *History of Vaccine Development*, DOI: 10.1007/978-1-4419-1339-5, Springer Science+Business Media, LLC 2011

Kissel, Theodor: »Ignaz Semmelweis: Der Retter von der traurigen Gestalt«, in: *Spektrum – Die Woche*, 27/2018, online unter: https://www.spektrum.de/news/der-retter-von-der-traurigen-gestalt/1574034

Lampert Thomas: »20 Jahre Deutsche Einheit: Gibt es noch Ost-West-Unterschiede in der Gesundheit von Kindern und Jugendlichen?«, GBE kompakt 4/2010, Robert Koch-Institut Berlin, online unter: https://www.rki.de/DE/Content/Gesundheitsmonitoring/Gesundheitsberichterstattung/GBEDownloadsK/2010_4_mauerfall_kompakt.pdf?__blob=publicationFile

Löffler, Georg; Petrides, Petro E.; Heinrich, Peter C. (Hrsg.): *Biochemie und Pathobiochemie*, 8., völlig neu bearb. Auflage, Springer, Heidelberg 2006

Meyer, C.; Rasch, G.; Keller-Stanislawski, B.; Schnitzler, N.: »Anerkannte Impfschäden in der Bundesrepublik Deutschland 1990–1999«, Bundesgesundheitsblatt Gesundheitsforschung – Gesundheitsschutz 2002 45:364–370, Springer-Verlag 2002, online unter: https://www.rki.de/DE/Content/Infekt/Impfen/Bedeutung/Downloads/meyer_anerkannte.html

Mina, M. J.; Metcalf, C. J.; de Swart, R. L.: »Long-term measles-induced immunomodulation increases overall childhood infectious disease mortality«, in: *Science*, 2015 May 8;348(6235):694-9, DOI: 10.1126/science.aaa3662, Epub 2015 May 7

Müller-Nordhorn, J.; Hettler-Chen, C.; Keil, T.; Muckelbauer, R.: »Association between sudden infant death syndrome and diphtheria-tetanus-pertussis immunisation: an ecological study«, in: *BMC Pediatrics* 201515:1. https://DOI.org/10.1186/s12887-015-0318-7

Nationaler Impfplan: Impfwesen in Deutschland – Bestandsaufnahme und Handlungsbedarf, online unter: http://nationale-impfkonferenz.de/wp-content/uploads/sites/10/2014/10/Nationaler-Impfplan.pdf (abgerufen am 4.1.2018)

Netea, M. G.; van der Meer, J. W.: »Trained Immunity: An Ancient Way of Remembering«, in: Cell Host & Microbe, 2017 Mar 8;21(3):297–300. DOI: 10.1016/j.chom.2017.02.003

Offit, Paul A.: »The Cutter Incident, 50 Years Later«, in: *The New England Journal of Medicine*, 2005; 352:1411–1412. DOI: 10.1056/NEJMp048180

Offit, Paul A.: *Vaccinated: One Man's Quest to Defeat the World's Deadliest Diseases,* Harper Perennial; Reprint Edition (5. August 2008)

Parashar, U. D.; Gibson, C. J.; Bresse, J. S.; Glass, R. I.: »Rotavirus and severe childhood diarrhea«, in: *Emerging Infectious Diseases*, 2006 Feb; 12(2):304–6

Plotkin, Stanley A. (Hrsg.): *History of Vaccine Development*, DOI: 10.1007/978-1-4419-1339-5. Springer Science+Business Media, LLC 2011

Pöhn, Hans Philipp; Rasch, Gernot: *Statistik meldepflichtiger übertragbarer Krankheiten. Vom Beginn der Aufzeichnungen bis heute*, MMV Medizin Verlag, München 1994

Polack, Fernando P. et al. for the C4591001 Clinical Trial Group: »Safety and Efficacy of the BNT162b2 mRNA Covid-19 Vaccine«, in N Engl J Med 2020; 383:2603-2615. DOI: 10.1056/NEJMoa2034577

Rambaut, A.; Robertson, D. A.; Pybus, O. G.; Peeters, M.; Holmes, E. C.: »Phylogeny and the origin of HIV-1«, in: *Nature*, volume 410, pages 1047–1048 (26. April 2001)

Robert Koch-Institut: »Empfehlungen der Ständigen Impfkommission (STIKO) beim Robert Koch-Institut – 2018/2019«, Epidemiologisches Bulletin, 23. August 2018 / Nr. 3, online unter: https://edoc.rki.de/handle/176904/5715.8

Robert Koch-Institut: »Bericht zur Epidemiologie der Influenza in Deutschland, Saison 2017/18«, Robert Koch-Institut, Berlin 2018, online unter: https://edoc.rki.de/handle/176904/5739

Roth, Philip: *Nemesis*, Carl Hanser Verlag, München 2011

Şahin, Uğur; Türeci, Özlem: Personalized vaccines for cancer immunotherapy. *Science*, 23 Mar 2018: Vol. 359, Issue 6382, pp. 1355-1360. DOI: 10.1126/science.aar7112

Sathyanarayana Rao, T. S.; Andrade, C.: »The MMR vaccine and autism: Sensation, refutation, retraction, and fraud«, in: *Indian Journal of Psychiatry*, 2011;53(2):95-6

Thießen, Malte: »Vorsorge als Ordnung des Sozialen. Impfen in der Bundesrepublik und der DDR«, in: *Zeithistorische Forschungen/Studies in Contemporary History*, Onlineausgabe, 10 (2013), H. 3, S. 409–432, online unter: www.zeithistorische-forschungen.de/3-2013/id=4731 S. 409–432

Versteeg, Leroy; Almutairi, Mashal M.; Hotez, Peter J. and Pollet, Jeroen: »Enlisting the mRNA Vaccine Platform to Combat Parasitic Infections«. *Vaccines* 2019, 7, 122; DOI:10.3390/vaccines7040122

Walboomers, J. M.; Jacobs, M. V.; Manos, M. M. et al.: »Human papillomavirus is a necessary cause of invasive cervical cancer worldwide«, in: *The Journal of Pathology*, 1999;189(1):12 – 9. DOI: 10.1002/(SICI)1096-9896(199909)189:1<12::AID-PATH431>3.0.CO;2-F

Watkins, David A. et al.: »Global, Regional, and National Burden of Rheumatic Heart Disease, 1990–2015«, in: *The New England Journal of Medicine*, 2017; 377:713-722 DOI: 10.1056/NEJMoa1603693

Weinberger, R.; von Kries, R.; van der Linden, M.; Rieck, T.; Siedler, A.; Falkenhorst, G.: »Vaccine. Invasive pneumococcal disease in children under 16 years of age: Incomplete rebound in incidence after the maximum effect of PCV13 in 2012/13 in Germany«, 2018 Jan 25;36(4):572-577. DOI: 10.1016/j.vaccine.2017.11.085. Epub 2017 Dec 16

Zentrum für Krebsregisterdaten, Gesellschaft der epidemiologischen Krebsregister in Deutschland e. V. (Hrsg.): »Krebs in Deutschland für 2013/2014«, 11. Ausgabe, Robert Koch-Institut, Berlin 2017

Hinzu kommt eine ganze Reihe weiterer Epidemiologischer Bulletins des Robert Koch-Instituts, in denen Krankheiten und Impfungen beschrieben und erklärt werden. Sie sind hier nicht im Einzelnen aufgeführt. Sie sind online abrufbar unter: www.rki.de/DE/Content/Infekt/EpidBull/epid_bull_node.html

DIE AKTUELLEN IMPFKALENDER

Tabelle 1: Impfkalender (Standardimpfungen) für Säuglinge, Kinder, Jugendliche und Erwachsene; 2020/2021

Impfung	Alter in Wochen	Alter in Monaten								
	6	2	3	4	5–10	11*	12	13–14	15	16–
			U4		U5	U6				U…
Rotaviren	G1 [a]		G2	(G3)						
Tetanus [b]		G1		G2		G3 [c]				
Diphtherie [b]		G1		G2		G3 [c]				
Pertussis [b]		G1		G2		G3 [c]				
Hib [b] *H. influenzae* Typ b		G1		G2		G3 [c]				
Poliomyelitis [b]		G1		G2		G3 [c]				
Hepatitis B [b]		G1		G2		G3 [d]				
Pneumokokken [b]		G1		G2		G3 [c]				
Meningokokken C							G1			
Masern						G1			G2	
Mumps, Röteln						G1			G2	
Varizellen						G1			G2	
HPV Humane Papillomviren										
Herpes zoster										
Influenza										

Empfohlener Impfzeitpunkt

Nachholimpfzeitraum für Grund- bzw. Erstimmunisierung aller noch nicht Geimpften bzw. für Komplettierung einer unvollständigen Impfserie

Erläuterungen
- G Grundimmunisierung (in bis zu 3 Teilimpfungen G1–G3)
- A Auffrischimpfung
- S Standardimpfung

Für Deutschland

Alter in Jahren							
2–4	5–6	7–8	9–14	15–16	17	ab 18	ab 60
U7a/U8	U9	U10	U11/J1		J2		
	A1		A2			A[e]	
	A1		A2			A[e]	
	A1		A2			A3[e]	
			A1				
							S[g]
						S[f]	
			G1[d] G2[d]				
							G1[h] G2[h]
							S (jährlich)

a Erste Impfstoffdosis bereits ab dem Alter von 6 Wochen, je nach verwendetem Impfstoff 2 bzw. 3 Impfstoffdosen im Abstand von mind. 4 Wochen
b Frühgeborene: zusätzliche Impfstoffdosis im Alter von 3 Monaten, d. h. insgesamt 4 Impfstoffdosen
c Mindestabstand zur vorangegangenen Dosis: 6 Monate
d Zwei Impfstoffdosen im Abstand von mind. 5 Monaten, bei Nachholimpfung beginnend im Alter > 14 Jahren oder bei einem Impfabstand von < 5 Monaten ist zwischen 1. und 2. Dosis eine 3. Dosis erforderlich
e Td-Auffrischimpfung alle 10 Jahre. Nächste fällige Td-Impfung einmalig als Tdap- bzw. bei entsprechender Indikation als Tdap-IPV-Kombinationsimpfung
f Einmalige Impfung mit einem MMR-Impfstoff für alle nach 1970 geborenen Personen ≥ 18 Jahre mit unklarem Impfstatus, ohne Impfung oder mit nur einer Impfung in der Kindheit
g Impfung mit dem 23-valenten Polysaccharid-Impfstoff
h Zweimalige Impfung mit dem adjuvantierten Herpes-zoster-Totimpfstoff im Abstand von mindestens 2 bis maximal 6 Monaten

* Impfungen können auf mehrere Impftermine verteilt werden. MMR und V können am selben Termin oder in 4-wöchigem Abstand gegeben werden.

Impfplan Österreich 2021

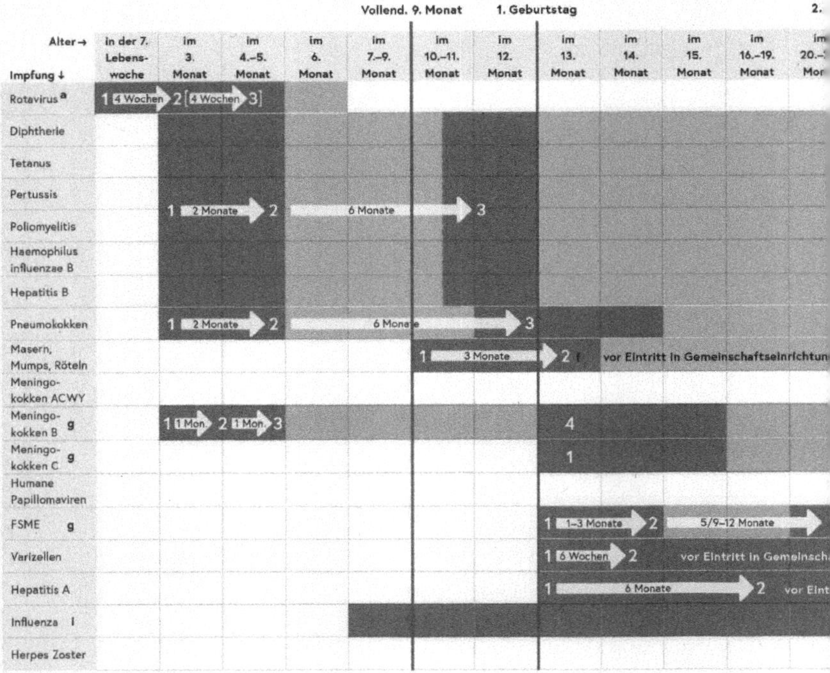

Legende

- **Impfung empfohlen** kostenfrei
- **Nachhol-Impfung empfohlen** kostenfrei
- **Impfung empfohlen** nicht kostenfrei
- **Nachhol-Impfung empfohlen** nicht kostenfrei
- **Nachhol-Impfung empfohlen** zum vergünstigten Selbstkostenpreis

1	1. Dosis
2	2. Dosis
3	3. Dosis
4	4. Dosis
B	Boosterimpfung
13	13-valente Pneumokokkenimpfung
23	23-valente Pneumokokkenimpfung

Hinweis:
Individuelle Indikationen können zu abweichenden Empfehlungen oder Impfschemata führen.

Zeitangaben innerhalb der Pfeile entsprechen empfohlenen Intervallen. Empfehlungen zu Darstellungszwecken teils vereinfacht. Details siehe Kapitel der jeweiligen Impfung bzw. entsprechende Fachinformation.

Prinzipiell sollte jede der empfohlenen Impfungen bei Versäumnis ehestmöglich nachgeholt werden.

Bundesministerium
Soziales, Gesundheit, Pflege
und Konsumentenschutz

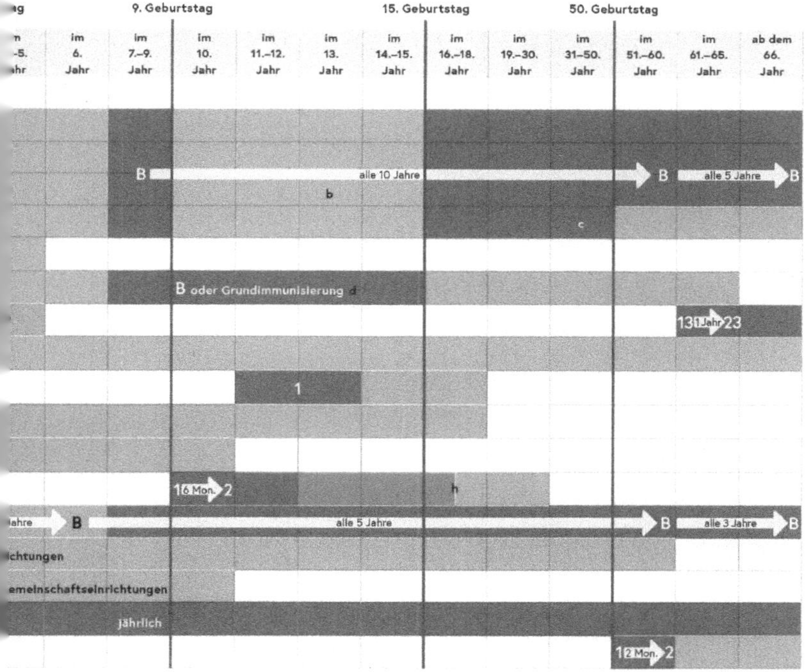

a Bis zur vollendeten 24. (Rotarix, 2 Dosen) bzw. vollendeten 32. Lebenswoche (Rotateq, 3 Dosen)

b Wenn nicht zuvor erfolgt, Impfung gegen Pertussis spätestens bei Schulaustritt

c Nach Grundimmunisierung und mindestens zwei Auffrischungsimpfungen im Erwachsenenalter weitere Impfungen nur bei Indikation.

d Auffrischung ab dem vollendeten 7. Lebensjahr

e Kinder mit Risiken bis zum vollendeten 5. Lebensjahr kostenfrei

f Bei Erstimpfung ab dem 1. Geburtstag 2. Impfung frühestmöglich, mit Mindestabstand 4 Wochen

g Impfschema abhängig von Alter und Impfstoff

h HPV-Nachholimpfungen zum Selbstkostenpreis für die Dauer der COVID-19 Pandemie bis zum vollendeten 16. Lebensjahr. Ab vollendetem 15. Lebensjahr 3 Dosen

i Bei Erstimpfung von Kindern bis zum vollendeten 8. Lebensjahr (tetravalente Lebendvakzine) bzw. bis zum vollendeten 9. Lebensjahr (tetravalenter Totimpfstoff) 2 Impfungen im Abstand von mindestens 4 Wochen. Bei eingeschränkter Impfstoffverfügbarkeit bei Erstimpfung nur eine Dosis verabreichen (und auf die 2. Dosis nach 4 Wochen verzichten, off label). Danach 1 jährliche Impfung ausreichend

Irrtümer, Druck- und Satzfehler vorbehalten.

Bundesamt für Gesundheit

Schweizerischer Impfplan 2020

Tabelle 1

Empfohlene Basisimpfungen 2020

Stand 2020

Empfehlungen der Eidgenössischen Kommission für Impffragen und des Bundesamtes für Gesundheit.

Alter	Diphtherie (D/d) [1] Tetanus (T) [2] Pertussis (P_a/p_a) [1]	*Haemophilus influenzae* Typ b (Hib)	Poliomyelitis (IPV) [5]	Hepatitis B (HBV)	Pneumokokken	Masern (M) Mumps (M) Röteln (R)	Varizellen (VZV)	Humane Papillomaviren (HPV)	Influenza
2 Monate	DTP_a	Hib	IPV	HBV [7]	PCV13				
4 Monate	DTP_a	Hib	IPV	HBV [7]	PCV13				
9 Monate						MMR [10]			
12 Monate *	DTP_a	Hib	IPV	HBV [7]	PCV13	MMR [10]			
4–7 Jahre	DTP_a [1) 3)]		IPV [5]			[11]			
11–14/15 Jahre	dTp_a		[6]	HBV [7) 8)]		[11]	VZV [12]	HPV [14]	
25 Jahre	dTp_a [4]		[6]	[9]		[11]	[13]		
45 Jahre	dT [4]		[6]	[9]		[11]			
≥65 Jahre	dT [4]		[6]	[9]					jährlich

* Die im Alter von 12 Monaten empfohlenen drei Injektionen (je 1 Dosis eines DTP_a-IPV-Hib-HBV-, Pneumokokken- und MMR-Impfstoffs) können gleichzeitig oder in beliebigen, kurzen Abständen zueinander geimpft werden. Die Impfung gegen DTP_a-IPV-Hib-HBV und Pneumokokken soll vor dem Alter von 13 Monaten abgeschlossen sein. Die Impfung gegen DTP_a-IPV-Hib-HBV kann vor dem Alter von 12 Monaten, aber nicht vor dem Mindestalter von 11 Monaten verabreicht werden.

1) Für Auffrischimpfungen kann ab dem 4. Geburtstag mit einer geringeren Diphtherietoxoid- (d) und Pertussisdosis (p_a) geimpft werden.

2) Bei Verletzungen siehe Tabelle 9.

3) Die Auffrischimpfung gegen Pertussis im Alter von 4–7 Jahren sollte vorzugsweise vor Eintritt in die Schule verabreicht werden.

4) Auffrischimpfungen mit 25 (dTp_a), 45 (dT) und 65 (dT) Jahren (d.h. alle 20 Jahre) und alle 10 Jahre nach 65 Jahren (dT). Bei Patienten mit einer Immuninsuffizienz sind dT-Auffrischimpfungen alle 10 Jahre empfohlen.
Reisende: Kürzere Intervalle (als 10 oder 20 Jahre) können je nach Risikosituation indiziert sein (z. B. hochendemische Diphtheriegebiete, begrenzter Zugang zu medizinischer Versorgung).

5) Seit 2019 besteht die vollständige Basisimpfung gegen Poliomyelitis aus 4 Impfdosen im Kindesalter. Für Säuglinge, welche mit einem «3+1»-Imfpschema geimpft wurden, sieht der Impfplan weiterhin 5 Impfdosen vor (5. Dosis mit 4–7 Jahren).

6) Zusätzliche Auffrischimpfungen gegen Poliomyelitis sind bei Personen mit einem erhöhten Expositionsrisiko notwendig. Dies betrifft Reisende in Polio-endemische Länder oder Länder mit Poliovirus-Expositionsrisiko sowie Personen, die mit Polioviren arbeiten. Die Auffrischimpfung ist 10 Jahre nach der letzten Dosis angezeigt. Die WHO hat Empfehlungen für Reisende publiziert, welche Polio-endemische Länder verlassen [26, 27].

7) Die Hepatitis-B-Impfung ist bevorzugt für Säuglinge mit einem hexavalenten Kombinationsimpfstoff im Alter von 2, 4 und 12 Monaten empfohlen. Die Impfung im Alter von 11–15 Jahren bleibt ausdrücklich empfohlen für bisher nicht gegen Hepatitis B geimpfte Kinder [7].

8) Die Anzahl notwendiger HBV-Impfdosen (2 oder 3) hängt vom gewählten Impfstoff ab.

9) Nachholimpfung bei Erwachsenen (ab 16 Jahren) ohne Alterslimit, außer es liegt kein Expositionsrisiko vor (3 Dosen zum Zeitpunkt 0, 1 und 6 Monate).

10) Kombinationsimpfung gegen Masern, Mumps und Röteln. Je nach Einschätzung des individuellen Masern-Expositionsrisikos ist die Gabe der 2. MMR-Dosis im Alter von 12(–15) Monaten möglich. Für Säuglinge mit Exposition zu einem Masernfall, einer Epidemie in ihrer Umgebung oder einer Reise in ein Epidemiegebiet wird die 1. Dosis ab Alter 6 Monate empfohlen. Im Falle einer MMR-Impfung im Alter von 6 bis 8 Monaten sind für eine vollständige Impfung insgesamt 3 Dosen erforderlich.

11) Nachholimpfung (bis zu 2 Dosen im Abstand von mindestens einem Monat) für ungeimpfte bzw. nur einmal geimpfte Personen: alle nicht vollständig geimpften (nicht immunen) nach 1963 geborenen Personen. Speziell zu beachten ist der Imfpschutz für beruflich exponierte Personen, welche diese Infektionen auf Schwangere und andere Risikopatienten übertragen können (z. B. in Frauenspitälern, Kinderkliniken usw.). Die MMR-Impfung darf Schwangeren und immunsupprimierten Personen nicht verabreicht werden, deren Kontaktpersonen dürfen und sollen aber ausdrücklich geimpft werden.

12) Die Varizellenimpfung ist empfohlen für 11- bis 15-jährige Jugendliche, welche die Varizellen anamnestisch nicht durchgemacht haben oder die keine VZV-IgG-Antikörper aufweisen. Die Impfung erfordert zwei Dosen im Abstand von mindestens 4 Wochen [24].

13) Nachholimpfung bei jungen Erwachsenen (<40 Jahren), welche die Varizellen anamnestisch nicht durchgemacht haben, insbesondere bei Frauen mit Kinderwunsch (2 Dosen im Abstand von mindestens 4 Wochen). Bei negativer oder unsicherer Anamnese können alternativ die VZV-IgG-Antikörper bestimmt werden.

14) Für Mädchen im Alter von 11–14 Jahren gilt ein 2-Dosen-Impfschema (Zeitpunkte 0 und 6 Monate), zur Nachholimpfung von Mädchen im Alter von 15–19 Jahren ein 3-Dosen-Impfschema (Zeitpunkte 0, 2, 6 Monate). Der HPV-Impfstoff kann gleichzeitig mit allen anderen gegebenenfalls notwendigen Impfstoffen verabreicht werden.